スノーデン 日本への警告

エドワード・スノーデン
Edward Snowden

青木 理
Aoki Osamu

井桁大介
Igeta Daisuke

金昌浩
Kim Changho

ベン・ワイズナー
Ben Wizner

マリコ・ヒロセ
Mariko Hirose

宮下 紘
Miyashita Hiroshi

a pilot of wisdom

目次

秘密主義は政治の意思決定のプロセスや官僚の質を変えてしまう
ジャーナリズムの役割は政府の暴走を抑止すること
メディアは大きな変革をもたらす力を持つ
日本の報道は危機的状況
テロへの不安に乗じ拡大される監視活動
政府は、グーグルの検索ボックスに打ち込んだ内容をすべてモニタリングできる
日本では、テロよりも風呂場で滑って死ぬ確率の方がはるかに高い
母国アメリカで改革を推進するお手伝いをしたいのですが……
暗号化技術がプライバシーを守る鍵
ある情報が公共の利益にかなうかどうかを判断するのはメディア
プライバシーは、自分が自分であるために必要な権利
権限を有する人が説明責任を果たさねばならない
人類史上未曽有のコンピューター・セキュリティの危機
民主主義では、市民が政府に法律を守れと言えなければならない
判断過程をＡＩやアルゴリズムに委ねた時、生み出されるものは権力の濫用

本書は、二〇一六年六月四日に東京大学本郷キャンパスで行われた、公益社団法人自由人権協会（ＪＣＬＵ）七〇周年プレシンポジウム「監視の〝今〟を考える」を完全翻訳の上、加筆修正を行い、詳細な註釈と追加取材を付し書籍化したものです。

刊行にあたって　エドワード・スノーデンのメッセージ

私は社会人としてのほとんどの期間をアメリカ政府のために働いてきました。二〇一三年五月からは社会のために働いています。犯罪と縁もゆかりもない世界中の市民のプライベートな活動を民主的な政府が監視している証拠をジャーナリストに提供した際には、人々が関心を寄せてくれないのではないかと不安でした。自分が間違っていたことをこれほど喜んだことはありません。

二〇一三年以降、大規模監視と自由な社会との関係について世界で激しく議論されています。アメリカを含むいくつかの国では、重要な法律の改革が行われました。他方、政府が監視の法的権限を拡大しようとしている国もあります。私は特定の政策の実現を求めてリークに踏み切ったわけではありません。民主主義社会で生きる市民が、十分な情報に基づいて意思決定を行えるようにすることが目的でした。多くの重要な意思決定が、情報公開や市民との協議を経ずに閉ざされたドアの向こう側で指導者たちによって行われているのであれば、たとえ彼らが選挙で選出されているとしても、その政府を真の意味で民主的な政府と呼ぶことはできません。

本書に収められているシンポジウムでお話しした際は、ドナルド・トランプ氏が実際に大統領に選ばれる可能性などほとんどないように思えました。シンポジウムでは、すべての人が大規模な監視に関心を寄せるべき理由の好例として、トランプ氏のような独裁者が選出される可能性を引き合いに出したのです。想像もできなかった事態が現実となった今、アメリカを含む民主的な国家の市民が、民主主義とは、引き継がれてきたものの上にあぐらをかいていればよいのではないということに気付くことを願っています。それぞれの世代が常に民主主義を求めて闘わなければならないのです。「トランプ大統領」は、私たちを自らの理念に改めて積極的にかかわらせるための〝目覚まし時計〟となるかもしれません。

理念のために立ち上がることとは、ときにリスクを伴います。私と同じこと、すなわち不正を暴くために自分の人生を完全に変えることを、誰もができるわけではありません。しかし私たちはみな人生のどこかで、易きに流れる道と正しい道のいずれかを選ばなければならない場面に出会います。私たちにはみな、小さなリスクを取ることで社会をよりよくすることができる機会があるはずです。私たちにはみな、安全を求めてではなく正しいがゆえに行動する機会があるはずです。

本書の出版をうれしく思います。読者の皆様が自由な社会における市民としての義務に想いを馳《は》せてくれることを期待しています。日本は私にとって特別な国です。政治に関心を抱くようになったとても重要な時期を日本で過ごしたからです。また日本のみなさんと今回のような対話ができることを楽しみにしています。

エドワード・スノーデン

二〇一七年二月、ロシア・モスクワにて

第一章
スノーデン　日本への警告

スノーデンと聞き手、金昌浩

イントロダクション

二〇〇一年九月一一日にアメリカで起きた同時多発テロ事件により、世界は一変しました。テロの恐怖が世界を覆い、テロ対策と名がつけばあらゆる監視が許されるようになりました。テクノロジーが飛躍的に進化したことと相まって、SFの中でしか見られなかった技術が現実のものとなり、想像を絶する監視政策が進められています。安全・安心の旗印のもとプライバシーなどの市民の自由は後退を余儀なくされる一方、政府は秘密のベールに包まれたままほとんどフリーハンドで情報を集めて利用するという非対称な社会が実現しつつありました。

そこに登場したのがエドワード・スノーデン氏です。二〇一三年六月、彼がリークした機密資料をもとに、イギリスの「ガーディアン紙」やアメリカの「ワシントンポスト紙」などが連日にわたり、アメリカ連邦政府の監視捜査の実態を白日の下にさらしました。光ファイバーに直接アクセスして膨大なインターネット通信を取得していたこと、グーグルやフェイスブックといった世界に名だたるインターネット会社に顧客の個人情報を提供させていたこと、議会や裁判所の監督が実質的に骨抜きとなっていたことなどが、次々に暴かれていきました。自由でオープンで民主的な国家というアメリカの理念は、根元から崩れつつあったのです。

スノーデン氏の登場は、9・11と同じように社会を大きく変える画期的な出来事となりました。テロに怯《おび》えるあまり国家の理念を放り投げてしまってよいのか、最先端のテクノロジーを用いた監視はどこまで許されるべきなのか、現代においてプライバシーにはどのような意義があるのか――スノーデン氏のリークにより議論の土俵が変わりました。世界は新しいフェーズに入ったのです。

日本ではともするとスノーデン・リークが対岸の火事のように扱われます。日本政府の監視政策はアメリカほどひどくないと信じられているのかもしれません。しかしそのように考えることはふたつの点で間違いです。

第一に、日本の監視政策は世界に類を見ないほど秘密主義的です。全貌《ぜんぼう》が明らかにされることは皆無です。顔認証技術、DNA型データベース、Nシステムなどの強力な監視技術が秘密のベールに包まれたまま日常的に用いられています。そして、単発的に白日の下にさらされる事実をつなぎ合わせてみれば、日本政府が他国に引けを取らないほど強力な監視捜査を実施していることが明らかになります。二〇一七年一月三一日には、政府が一〇年以上にわたり捜査にGPS装置を利用しながら、捜査資料にはGPSに関する事実を一切記載しないよう日本中の警察に徹底させていたことが明らかになりました。(1) 組織ぐるみで監視の事実を完璧に隠蔽《いんぺい》することに成功していたわけです。二〇一六年八月には、大分県の警察が野党の選挙事務所に監視カメラを違法に設置していたことが明らかになりました。(2) 二〇一〇年一〇月には公安資料がインターネットに流出し、警察が日本に住むすべてのムスリム（イスラム教徒）を秘密裏に監視していたことも明らかになりました。(3)

他国でこのような事実が明らかになれば、世論の後押しを受け、メディアや議会が検証を求めたことでしょう。しかし日本では、これらの事実が明らかにされても、捜査機関自身が内部調査を公開することも、議会に検証委員会が設置されることもなく、月日が経てばなかったようにされていきます。依然として情報公開は進まず、制度を変革しようという動きもありません。

結局、偶発的な事情によって氷山の一角が明らかにされても、氷山がどれほどの大きさなのかうかがい知ることすらできないため、現時点において、日本政府の監視政策がアメリカのものよりも緩やかである保証はどこにもないのです。

第二に、たとえ現時点ではアメリカほどの監視技術が用いられていないとしても、近い将来には現実のものとなる可能性があります。一般にテロ対策は各国の連携が求められがちな分野です。実際、先述のムスリム捜査の流出資料の中には、アメリカの捜査機関が日本政府に監視捜査の実施を委託したとみられるものが含まれています。アメリカ政府から、アメリカ政府が実施するものと同レベルの監視捜査を実施し、相互に情報を共有するよう要請されることが予想されます。また、仮に二〇一七年三月現在国会で議論されている共謀罪が成立すれば、共謀の事実を立証するための重要な捜査手法として、近い将来にＳＮＳや電子メールの内容を傍受する監視捜査の合法化が求められるでしょう。

スノーデン・リークは決して対岸の火事ではありません。これからの日本の監視政策を考える際に、スノーデン・リークを基礎として積み重ねられている議論の理解は不可欠です。そしてそのためには、オルタナティブ・ファクトやポスト真実といった言葉が世間をにぎわせている今だからこそ、正確な事実を議論の土台としなければなりません。

スノーデン氏の言葉には正確な事実が満ち溢れています。日本における監視政策の議論を実りあるものとするために、スノーデン氏の警告に耳を傾けることが必要です。

二〇一六年六月四日　聞き手＝金昌浩

愛国者としての私

――本日は日本で、このようにお話しできることを喜ばしく思います。ロシアから参加して下さり心より御礼申し上げます。会場の東京大学のキャンパスには二〇〇名以上の人たちが集まっています。ご覧の通り満席です。

これから国家のナショナル・セキュリティ[4]とプライバシーについてのエキサイティングな議論に入る前に、あなたの生い立ちとキャリア、どのような経緯でインテリジェンス[5]・コミュニティ[6]にかかわるようになったのか説明していただけますか。

スノーデン　本日はみなさまとお話しする機会をいただき感謝申し上げます。日本語で話せないことをお詫《わ》び申し上げたいと思います。若干日本語は学びました。（日本語で）「少し日本語勉強しました、でもまだ上手じゃありません」（会場大きな拍手）。ありがとうございます。

私は、〝連邦家族〟のひとりとして育ちました。つまり、家族も親戚もみな政府にかかわる仕事についていていました。

父親は三〇年間、軍隊の仕事をしていました。母親は今もアメリカの裁判所で働いています。祖父は海軍提督でした。今やお尋ね者として世界中から追いかけられている身としては皮肉な家庭環境です。このような生い立ちでしたので、自分も最初から政府にかかわる仕事を見つけようと考えていました。国民の多くがイラク戦争に反対していた時も、私は戦争を支持していました。当時は政府を疑うなどということは思いもよらないことでした。アメリカという国に貢献するのだということを生まれながらに強く信じていました。私は自分の国の助けになりたいと思っていたのです。

政府に入りまして、はじめは軍部に、続いてインテリジェンス・コミュニティに所属しました。インテリジェンス・コミュニティでは最初はCIA（アメリカ中央情報局：Central Intelligence Agency）に所属してイラクに対するスパイ活動に従事しました。その後、NSA（国家安全保障局：National Security Agency）に所属し、インターネットの電子通信や電話を盗聴する活動などに従事するようになって、次第に大きな権限を持つようになりました。

NSAの活動への疑念

スノーデン　権限が拡大するなかで、国に貢献するとは一体どういうことなのだろうと疑念を持ち始めました。トップ・シークレットとされる情報にアクセスできるようになり、政府が公表する内容とかけ離れた活動に従事していることに気付くようになったのです。政府は国が定めた法律に反しているのではないかと。国が掲げる価値観と正反対の活動がなされていることに気付いたのです。これで悩みました。そして国民の義務とは何か、民主主義とは何を意味するのかを考えるようになったのです。

民主主義とは政府の正統性の根源です。国民は、国のあるべき方向を選択して選挙で投票し、結果として統治される国民の総意として選ばれたという事実が政府の正統性の由来です。もし投票するために十分な情報が開示されていなければどうでしょうか。さらには政府が実施する施策について情報を隠し、嘘《うそ》をついているとなればどうでしょうか。このことは国の民主主義の将来にとってどのようなことを意味するのでしょうか。

私は、私たちが内実を知り理解する政府こそが良い政府であると強く信じています。とはいえ政府はあらゆる情報を公開するべきだと言っているわけではありません。マフィアのボスややくざの親分、テロリストに関する捜査情報を公表するべきだなどと言っているわけではありません。

しかし、オープンで自由な民主主義社会において、市民が政府と対等の当事者として社会に関与し、公的・私的・政治的問わず何らかの役割を果たすためには、政府が求める権限の概要と外延は少なくとも知らされなければなりません。

政府の中にこのことに反対の人がいるならば、それがトップの安倍首相であれ、自衛隊や防衛省の事務方であれ、地方自治体の職員であれ、協力企業の職員であれ、社会福祉法人の職員であれ、この民主主義の原則を信じていない人がいるならば、そこから政府の腐敗は始まるのです。二〇一三年のリークが投げかけたテーマは監視だけではないと考えています。問われているのは民主主義の問題です。

捜査のためにあるいは世論を形成するために、国民の名の下に実施しつつ、大衆としての国民を対象としていたアメリカ政府の広範な監視政策について、私たちはどこまで知る必要があるのでしょうか。このことを私たちが制御できなくなれば、監視の方法について民主的な統制を及ぼすことができないとすれば、市民と政府の関係は根本的な変容を迫られていることになります。

少し長い回答になってしまいました。元々私はスパイでした。直接政府の下でスパイをしておりました。でも今は公のために働いています。

メルケル首相の携帯電話をも盗聴していた監視の実態

——今、ＮＳＡの監視プログラムについて触れられましたね。一部の日本の聴衆はＮＳＡの監視プログラムについて既に知っているかもしれませんが、ほとんどの人たちはＮＳＡがやっている監視プログラムは複雑でよくわからないという印象を持っていると思います。そこで、実際に、ＮＳＡはどのように監視プログラムを運用していて、あなたが暴露したものは何だったのかについて、日本の聴衆のみなさまに説明していただけますか。

スノーデン　何日間か必要ですね（笑）。ただ時間の制約もありますので、いくつかの大まかな監視の方法についてお話しししたいと思います。

まず、伝統的な捜査あるいは監視の方法として、数十年にわたり用いられてきた手法があります。これは、ターゲット・サーベイランス(7)と呼ばれ、特に軍事的な組織を対象として用いられます。

たとえば敵対グループのリーダーの電話内容を監視することがあります。また、国境で敵対グループによる侵略や攻撃などの兆候と評価できるような配備の増強がなされていないかを把握するために、衛星を用いて戦車の動きを追跡することもあります。こうした活動に反対する人はいません。私の知る限りにおいて、こうした活動に反対する人はいまだかつておりません。

次に、同じような内容ながら少し物議をかもすものがあります。それは、防衛目的ではないターゲット・サーベイランスです。外交的、経済的、あるいは政治的に優位に立つために行われる監視活動です。たとえば、ＮＳＡが同盟国であるドイツのメルケル首相の携帯電話を盗聴していたというのがその一例です。安全保障上の脅威はまったくないにもかかわらず。彼女が安全保障上の脅威でないということにはほとんどの人が同意するでしょう。彼女の政敵は同意しないかもしれませんが。

このような防衛目的ではないターゲット・サーベイランスによって、石油会社をスパイしたり、ＮＧＯやジャーナリストを監視対象としたりします。これらの監視は、一般論として、政策上、あるいは情報上の優位性を獲得するために行われます。このような活動を外国で行えばどのような立場を取っても国際法に照らして違法とされます[8]。しかし、自国内では、ほとんどの国がこのような活動を適法なものとして行っています。

無差別・網羅的な新しい監視

スノーデン　続いて、テクノロジーの進歩に伴ってまったく新しい監視手段が最近用いられるようになりました。これが、マス・サーベイランス、すなわち無差別・網羅的な監視です。この監視を行うにあたり、政府は民間の会社に協力させています。グーグル、フェイスブック、アップル、マイクロソフト、ヤフーなどのインターネット・サービス・プロバイダや、ネットワーク・コミュニケーションのシステム、インフラ、光ファイバー回線、衛星などの設備を提供する通信事業者などに協力させるわけです。この通信事業者については、NTTドコモのように日本のみなさんが使っている電話会社のアメリカ版をイメージしてもらえばわかりやすいと思います。アメリカのベライゾンやコムキャストといった会社が代表例です。

これらの会社は、法律に基づいて[9]、政府が設備にアクセスすることを認めています。政府は、これらの会社の設備を経由するすべての通信情報にアクセスすることができます。そして、その中から自分たちが求めている情報を選り分けて入手するわけです。これは、バルク傍受[10]と呼ばれており、無差別にあらゆる人に影響を及ぼします。

このような捜査について、政府は、自分たちは一線を越えてはいないと主張するでしょう。Eメールをひとつひとつ読んでいるわけではない、ヘッドセットをつけてすべての電話の内容を聞いているわけではないのだと反論するでしょう。しかし、実際にはすべての情報が傍受されて、メタデータ[11]と呼ばれている情報が保存されています。これがマス・サーベイランスです。

ここで重要なことは、無差別なマス・サーベイランスは、国際法上、また多くの国では国内法上、許されない捜査だということです。

侵害される権利

スノーデン アメリカでは、憲法修正第四条(12)により、私人間の通信や、家宅捜索、物品の捜索・差押は、裁判所が発行した個別の令状がない限り許されないとされています。すなわち、政府が捜索・差押を行うためには、ある人が犯罪者であるという疑いを持っていて、その人がたとえば殺人者や放火犯であるかを調査するためプライバシーの権利を奪わなければならないことを裁判所に説明する必要があるということです。

しかし、犯罪にかかわったという疑いのない人や一切の悪事に関与していない人に関しては、推定無罪の原則が適用されます。つまり、誰の権利も侵害しておらず、誰にも危害を与えていない市民は、国に詮索《せんさく》されない権利を有するということです。

こうした権利が侵害されたのです。それこそが私が目撃したものです。9・11の同時多発テロをきっかけとして、少なくともアメリカにおいて、また多くの英語圏の国家において、監視政策の大転換が起きたのです。罪を犯したという疑いがある人だけではなく、あらゆる場所であらゆる人を監視対象とするようになったのです。これが可能になったのは、テクノロジーの進化によって監視が安く、簡単にできるようになったからです。また、恐怖が蔓延《まんえん》する雰囲気の中で、監視に対する政治的な抑制も働きませんでした。

すべての記録は自動的に収集され、メタデータとして保管されている

――メタデータの収集について伺います。一部の政府の関係者は、通信の中身は見ていないのだ、メタデータしか見ていなくて中身は見ていないのだと主張しています。政府関係者のこうした発言に関しては、どうお考えですか。

スノーデン　これは大切な問題です。ご質問いただきうれしく思います。多くの政府、特にアメリカ政府は、マス・サーベイランスの存在が明るみに出た際、自らの監視活動が非合法であると自覚していたがゆえに、弁明を試みました。活動を正当化する必要があったのです。市民が納得するような説明が必要でした。ただ、政府にとっては残念なことに、すべての人を無差別に監視する捜査について、人々が受け入れられる言い訳は数多くあるわけではありません。

そこで政府は、市民が複雑なアメリカ法について疎《うと》いことを利用する立場を取りました。この立場は、特定の種類の情報はほかの情報とは取り扱いを異にしてよいという、現在主流の解

釈ではなく何十年も前の一九七〇年代の法解釈⑬をベースにしています。

たとえあらゆる人についての情報を収集していたとしても、実際にヘッドセットをつけて電話で話している内容を聞かない限りはプライバシーの侵害はないという立場です。しかし、この立場は市民がメタデータとは何かを理解していなかった時代のものです。というわけでメタデータとは何かについてお話ししましょう。

今会場に座っているみなさまは、おそらく携帯電話を持っているでしょう。あるいはＳｕｉｃａかＰＡＳＭＯを持っているかもしれません。あなたは、何かしら行動するだけで毎日メタデータを作っているのです。携帯電話のひとつひとつの動きが、位置情報を作り出し、位置情報はＮＴＴドコモのような携帯電話通信事業者が把握しています。

あなたが友人の番号をダイアルしたら、どうして友人の電話が鳴るのか考えてみたことがありますか。あなたが電話をかけた時に世界中の人の電話が鳴らないように、世界中の人にいちいち「田中さんですか?」と確認しなくてもいいように、特定の登録場所があるのです。

電話をかけた時には、世界中のほかのすべての人にはつながらずに、ただひとりにだけつながるようにしなければいけませんよね。そのために、世界中のあらゆる都市には、ひとりひとりのポケットの中の電源が入っている携帯電話が常に世界とつながるためのシステムが整備されています。言ってみれば、携帯が「私はここにいます、私はここにいます」と叫んでいるようなものです。

すべての携帯電話の基地局がこの叫びを聞いています。その声が一番大きく聞こえる一番近い基地局が、あなたはここにいるのですねと常に登録しているわけです。そしてその情報を電話会社に送って、電話会社が登録をアップデートして、あなたはこの基地局の近くにいましたと記録するわけです。別の場所に動く都度、電話会社は最も近い基地局を更新し続けます。こうして、一日中のすべての移動の記録が完全に残るわけです。これがメタデータです。みなさんがこの部屋に今いるという情報、それ自体がメタデータです。政府は、マス・サーベイランスのシステムの下で、法律上政府の把握が禁止されている情報は、私がここでみなさんに話している内容、あなたが隣の方に話している内容だけだと主張しています。あなたがここにいるという事実、あなたが政治的性格を持つジャーナリスティックなイベントに参加しているという事実は、法律上の保護を受けず、政府は、こうした事実を自動的に把握することができると主張するのです。

あなたがどこに行くか、何をしているか、どうやってそこに行くのか、誰と一緒にいるかなど、探偵が一日中あなたをつけまわしたらわかるような記録、それがメタデータです。たとえば、探偵が、朝からあなたの家からつけまわしていたとしても、探偵はあなたの家に入ることはできないでしょう。なぜなら、あなたが尾行に気付いて警報装置をつけているかもしれませんし、警察に電話するかもしれないので、探偵にとっても危険だからです。

しかし、探偵はあなたが何時に家から出たかは知ることができます。また、車のライセンスプレートの番号や、地下鉄を利用したかどうかを知ることもできます。どの駅を使うかもわかるでしょうし、乗車時にカードを使ったかもわかります。駅員に聞けば、カードの番号さえもわかってしまうかもしれません。あなたが喫茶店に行ったというところはわかりますし、何を注文したかもわかるでしょう。誰かにつけられているとあなたが気付くかもしれませんから遠くに座って監視をするという形になるので、あなたの近くに座ってあなたが同じテーブルにいる人とどのような話をしたかまではわからないかもしれません。でも、あなたが誰かと会ったということはわかります。それが誰なのかもわかるかもしれません。また、どれほど長い間話していたのかもわかります。あなたが会った人があなたと会った後にどこに行ったのかもわかるでしょう。こういった事柄について長期間にわたってフォローすることが可能なのです。携帯電話があなたを監視し続けるために。

また、グーグルの検索ボックスにあなたが入力した単語の記録は永遠に残ります。グーグルの検索記録がなくなることはないのです。あなたが、アドレスバーに入力したすべての事項はメタデータであり、携帯電話会社に保管されています。携帯電話会社は、あなたがどのサーチエンジンを使っているのかわかります。

あなたがどういうニュースを読んだのかということも記録が残ります。あなたがどの政党に接触したのか、どの政党を組織しているのかということもわかります。信じている宗教や、愛する人、気にかけている人は誰かということもわかります。あなたが、誰とどのくらいの頻度で、接触をしたかということもわかります。

こうした情報を総合すると、かつての私のようなＮＳＡのインテリジェンスアナリストが、〝生活のパターン〟と呼んでいたものになります。ＮＳＡの仕事というのは個人の〝生活のパターン〟をつかむことでした。かつては手作業で行われていました。犯罪活動にかかわっているかもしれないという情報をもとに、裁判所を説得し、記録を収集し、行動を監視していました。昔と異なり、今はそのような監視活動を行う必要はありません。監視は常に行われているためです。すべての記録は自動的に収集され、傍受され、保管されているのです。

アメリカ政府は、容疑を抱いた相手方がアメリカ人でない場合には、裁判所の令状を得ずに監視できます。つまり、日本人やフランス人やドイツ人などの外国人に関するものであれば、フェイスブックやグーグル、アップルが保有する情報を裁判所の令状なしに得ることができたのです。

大量監視を制限する動き

スノーデン　しかし今、このような状況が変わりつつあります。監視の実態が公になって、市民は、こうした取り扱いが本当に適切なのか、また、果たして必要なのかを問い直そうとしています。政府は、私人とは比べ物にならない権力を有しています。人々を刑務所に入れることもできますし、生命を絶ってしまうこともできます。また、多くの場合には戦争を始める権限を持っています。

しかし、合法的な政府はそのような権力を例外的な場合にしか使わないと想定されています。また、権力は本当に使うことが必要な場合に、脅威を軽減させるために必要な範囲でしか使ってはならないと想定されています。政府の目的達成のために最も侵害的でない手法を用いるものと想定されているわけです[14]。

こうした伝統的な考え方が、この一〇年程の間で変わってきました。そうした方向に進んだのはアメリカが最初でした。アメリカが最も技術的に進んでいましたからね。しかし、アメリカはこのような監視を容易に実施できる環境にあったという点で例外的で、たとえば中国、ロシア、フランス、ドイツは同じようなことをしていないだろうと考えるのは馬鹿げています。実際、フランスにおいては昨年（二〇一五年）、この分野で最も悪しきアメリカの先例を真似した大量監視活動を許可する法律[15]が成立しました。他方で、アメリカではこうした活動を制限しようという流れになっています。みなさまに考えていただきたいのは、日本はどうなのかということです。

監視活動に関するアメリカと日本の協力関係

――いろんな質問がインターネットのユーザーからも届いています。この放送は、ニコニコ動画によって、生中継されていますが、多くの聴衆はアメリカの監視活動が日本に対してどのように行われているのかについて高い関心があるようです。

あなたは二〇〇九年に日本に来られてデルの従業員として横田基地で仕事をしておられましたよね。アメリカと日本との監視活動に関する協力関係はどのようなものなのでしょうか。

スノーデン　私は機密情報を私の手で一方的に外部に公表したことはありません。公表する情報に自分自身の政治的な信条の影響が及ばないようにするために、常にジャーナリストを通じて公表してきました。これは私の確固たる方針です。どの情報を公開しどの情報を公開しないかという問題は、道徳的に考えられなければならなりません。

このインタビューにはジャーナリストを関与させていませんから、この質問に答えるにあたり現在公開されている情報以上のものをここで提供することはできません。しかし、すでに知られている情報をもとに申し上げたいことは、アメリカと日本が、ほかの国々と同様に、インテリジェンス情報を交換する関係にあるということです。

「ニューヨークタイムズ紙」とProPublica[16]が公表した記事[17]によって、アメリカ政府がAT&Tなどの通信会社を経由して実施するマス・サーベイランスの方法が明らかにされています。記事によると、フェアビュー（FAIRVIEW[18]）というプログラムに基づいて、たとえば、ヨーロッパとイギリス、あるいはヨーロッパとアメリカといった国同士・大陸同士が、光ファイバーによってつなげられています。みなさんのインターネットのコミュニケーションは、海底地下ケーブルを使って伝達されていますが、ここを経由したほとんどの情報は最終的にはアメリカを通ることになります。アメリカの通信事業会社はこうした情報に関して、NSAに対し収集・利用などのあらゆる権限を与える無制限のアクセスを許可しています。通信事業者は、データを無許可でコピーし、監視目的で使用しているわけです。

ここで重要なことは、この問題が合法かどうかではありません。一部の捜査活動は完全に合法です。けれども非道徳な活動です。つまり政府は合法的に非道徳的な活動に従事することができるのです。今回のスキャンダルにおいて最も重要な問題は、政府が法律を破らなくとも権利を侵害する活動ができてしまうことにあるのです。

日本も、こういった国際的な光ファイバーをアメリカと共有しています。日本側の通信は、NTTコミュニケーションズなどによって管理されています。アメリカの通信会社はアメリカを経由する通信を傍受しNSAに提供しているわけですが、日本の通信事業会社も日本を経由する通信については同じように傍受することができます。では日本の通信会社もこうした情報を政府と共有しているのでしょうか。私にはわかりません。具体的に知っていることはありません。しかしこういうことがありました。

ハワイでNSAの仕事をしていた時に、Xキースコア（XKEYSCORE）という大量監視ツールを用いていました。このツールを用いると特定の調査対象の通信をすべて把握することができます。

たとえば私の担当国は中国で、中国のハッカーなどを追跡するという仕事がありました。追跡によって得られるIPアドレスから、通信がどこからどこへ接続しようとされていたかを把握することができます。ＩＰアドレスとは、完全に正確な比喩ではありませんが、大まかにいうとインターネットの世界における住所のようなものです。ＩＰアドレスを見ればどこからどこに向けて接続されたかがわかります。ＮＳＡでは、通信ごとにフラグをつけて、アメリカのＩＰアドレスから来た通信、中国のＩＰアドレスから来た通信、といった形で分類しています。

ＮＳＡが保管する通信の中には、日本のフラグがつけられたものが多数ありました。こうした情報はどのように入手されたものなのでしょうか。アメリカ政府が日本政府に知らせずに一方的に情報を得ていたのでしょうか。それとも、このような監視活動に関して、両国政府は情報を交換していたのでしょうか。十分にありうることですが、断言はできません。

ただ横田基地という、アメリカと日本の情報機関の橋渡しをする施設で働いた経験から申し上げると、アメリカの情報機関は、常時、日本の情報機関とアメリカにおける情報を交換していますし、日本もしばしばアメリカに対して日本に関する情報を交換しています。政府同士が、潜在的なテロの脅威や軍事上の脅威、敵対的な行動の兆候や警報といった情報を交換することは、正常かつ適切なことです。

人権活動家や弁護士、ジャーナリストまでが監視対象に

スノーデン　他方で、情報の交換を監督し、制御するメカニズムが必要ですし、共有しても良い情報の種類や質についての法的な制限も必要です。たとえば、政府に人権活動家やジャーナリストに関する情報を共有させるべきでしょうか。アメリカやその同盟国において、ジャーナリストを監視するための情報共有が行われていたとは考えたくありません。しかし、サイエンスフィクションや現実離れした政治風刺のように聞こえるかもしれませんが、実際に二〇一三年以降に私がジャーナリストに提供した機密資料をご覧いただければ、こうした活動が現実離れしたものではないことがわかるはずです。

たとえば、NSAにとってイギリス側のパートナーともいうべきGCHQ(19)（政府通信本部：Government Communications Headquarters）は、非合法の情報交換を七年以上にわたりアメリカと行っていたことが明らかになっています。新聞で報道されるまでこうした活動の存在は明らかにされておらず、裁判所の介入もこの間一切ありませんでした。イギリスの情報機関の本来の任務は、軍事上・国防上の脅威を防ぎ、またテロリストの攻撃から市民を守ることにあるはずですが、実際にはたとえばアムネスティ・インターナショナルのような人権団体を監視する

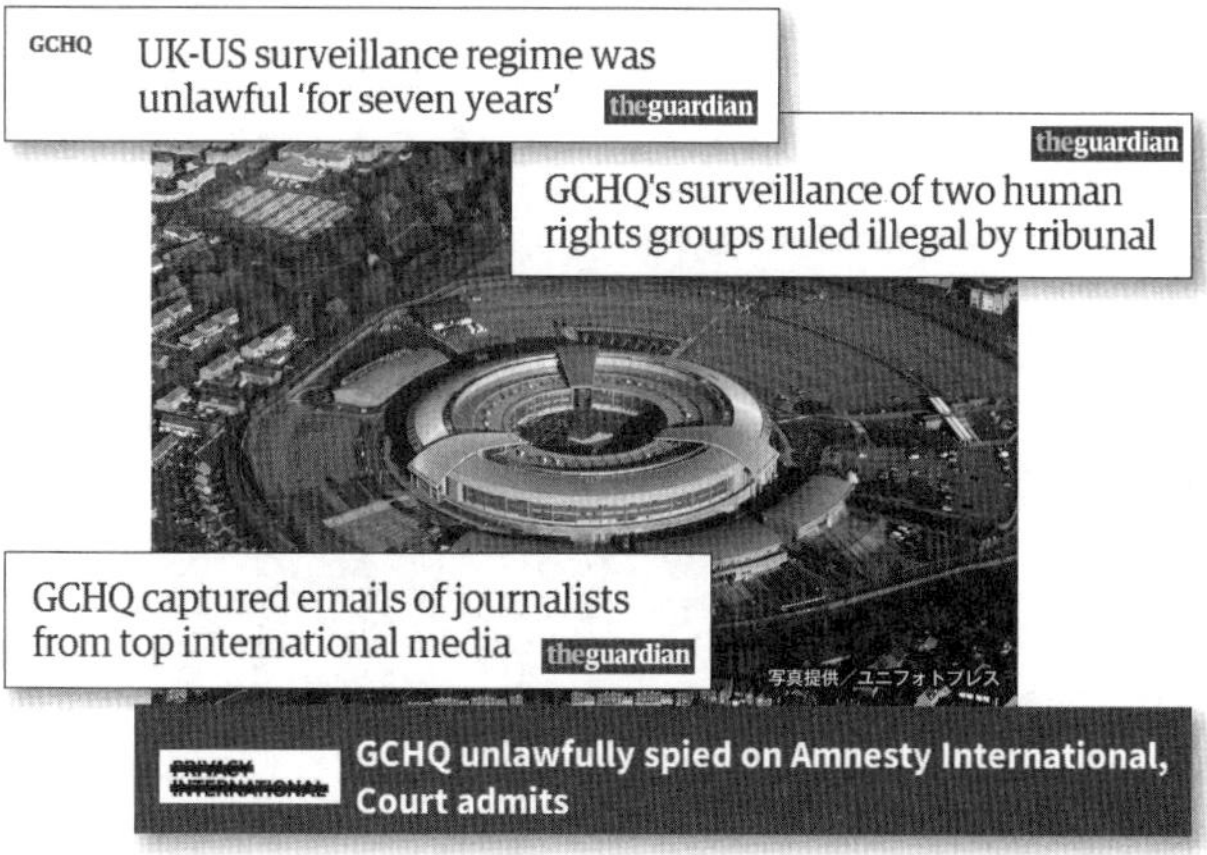

スノーデン氏が紹介した、GCHQの活動についての報道の見出し。７年間も非合法な監視が続いていた、人権団体の監視が裁判所で違法と判断された、ジャーナリストのメールを監視していた、GCHQが人権団体アムネスティ・インターナショナルを非合法に監視していたことを裁判所が認定した、との記載がある。上から、2015年2月6日、6月22日、1月19日「ガーディアン紙」、2015年７月1日「プライバシー・インターナショナル」より

活動を行っていたということが明らかになりました。

さらに、ＧＣＨＱはジャーナリストに対する監視も実際に行っていました。たとえば、カナダの新聞が公表した内部文書によって、ＧＣＨＱがＢＢＣや「ニューヨークタイムズ紙」、その他多くのメディアに対する監視を行っていたことが明らかとなっています。偶発的に行われたようなイレギュラーな事態ではありません。ＧＣＨＱは調査報道型ジャーナリストを国防上の脅威としてリストアップしていたのです。ＧＣＨＱはジャーナリストについて、民主主義社会にとってテロリストよりも脅威ではないがハッカー

The New York Times

Spying by N.S.A. Ally Entangled U.S. Law Firm

By JAMES RISEN and LAURA POITRAS FEB. 15, 2014

スノーデン氏が紹介した、NSAのスパイ活動が法律事務所にまで及んでいるとの報道。
2014年2月15日「ニューヨークタイムズ紙」より

よりも危険であるという、正しいとは思えない認識を持っているのです。

　また、アメリカでは弁護士に対するスパイ活動は法律上厳しく禁止されていますが[20]、外国政府との情報共有によりこの原則が破られています。たとえば、オーストラリア政府の情報機関は、ＮＳＡが集めたアメリカ市民に関する情報と、国家の安全保障のためにアメリカが提供した監視プログラムを用いて、アメリカの法律事務所や弁護士を監視しています[21]。テロの容疑者を弁護したという理由で弁護士が監視されているのです。これはあらゆる人は弁護される権利を有する、法的保護に最も値しないと思われる者に対しても弁護は提供されなければならないという原則に反しています。

　社会で最も凶悪な人間を弁護することができなければ、社会で最も弱い立場にある者を弁護することもできません。なぜなら、批判されている人や、脅迫を受けている人こそ、最も弁護することが困難な存在だからです。この権利は殺人犯にも保障されます。殺人犯に対しても公正な裁判を受ける権利が与えられます。そうして初めて、すべての人にとって公平な司法システムを実現することが可能となります。オーストラリアとアメリカのプログラムはこの原則を犯しています。しかも、この事例では、監視捜査の対象とされた弁護士は、重大犯罪はもちろん、何らの犯罪にも関与していなかったのです。

さらに、オーストラリア政府がジャーナリストを監視していたことも明らかになっています。当時交渉の最中にあった経済協定で有利な条件を得るためにスパイ活動をしていたのです。しかも、この経済協定は、石油や薬の値段といった国益上重要な物品ですらなく、海老やクローブタバコの値段に関するようなものでした。

考えてみて下さい。情報機関が彼らの特別な能力をこのような小さな商品(22)の経済スパイのためにすら積極的に用いているとすれば、一体どのような事項についてはスパイ活動の必要がないと判断しているのでしょうか。

無関心と知識の欠如がもたらす脅威に目を向ける必要があります

――政府が、人権活動家や弁護士、ジャーナリストをも監視対象にしていることがはっきりしましたが、このような時代に、ジャーナリストや市民は自身のプライバシーを守るためにどうすればよいのでしょうか。暗号を使うなど、実践上のアドバイスはありますか？

スノーデン　いろいろな方法があります。これは重要な問題で、答えるのが難しい質問でもあります。まず長年にわたって私自身が調べてきたテクノロジーに関することからお話ししましょう。

現代のインターネット・コミュニティにおいては、我々の社会が何世代にもわたって享受してきた法的保護や人権保障が新たな方法により崩壊しつつあるということをひとりの技術者として感じています。秘密を守ることが難しいというこの問題は世界中で起きています。アメリカは自由でリベラルな社会だと思われています。フランスやドイツも同様でしょう。しかし、これらの評判の良い国々においてすら、人権保障の実現は難しくなりつつあります。政府が監視を目的として人権を無視する事態が生じつつあるのです。

法律以外の手段を用いて、国境の縛りを越えて人権を保障することはできるでしょうか。プライバシーや、通信の自由、集会の自由、政治参加の自由、知る権利などについて、自分たちの政府に法律を遵守させ、あるいは法的な権利や道徳的価値を守らせることにより保障するだけでなく、このような法的保護のない国においてもこれらの権利を保障することができるのでしょうか。

たとえば、中国に住む人に対して、情報にアクセスする自由を保障することができるでしょうか。通信のセキュリティを提供することによって、政府が参加できない閉じられた電子社会の中で、匿名かつ安全に、人々が組織を設立したり、政治プロセスに意味のある形で参加することは可能でしょうか。たとえば、日本やアメリカの私企業が、すべての人を平等に保護するネット上のプロトコルやサービスを生み出すことによって、このような社会を実現することは可能でしょうか。

法律を改正しても数学を変えることはできません。暗号化といった技術は、適切に用いられればすべての人を平等に保護します。しかし、私は技術的な軍拡競争を提唱したいわけではありません。テクノロジーの専門家たちのコミュニティはこの競争に勝てる可能性があるとは思いますが、そのような競争は望ましいものではありません。技術による人権保障は、最終手段だと考えています。むしろ政治的な状況や、私たち自身の無関心と知識の欠如がもたらす脅威に目を向ける必要があります。

このテーマは現在の日本にとっても極めて重要な問題です。ここ数年の日本をみると、残念ながら市民が政府を監督する力が低下しつつあるといわざるを得ません。二〇一三年には、政府がほとんどフリーハンドで情報を機密とできる特定秘密保護法が、多数の反対にもかかわらず制定されてしまいました。

政府が秘密を持つこと自体に問題があるわけではありません。しかし、政府が情報を機密とする権限は本質的に民主主義にとって危険なものであり、極めて厳格なコントロールが不可欠です。機密とする権限の行使は例外的な場合に限られなければならず、日常業務の一環のように行使されてはならないのです。実際にアメリカでは、政府の機密特権のために統治の機能が深刻な被害を受けています。

秘密主義は政治の意思決定のプロセスや官僚の質を変えてしまう

スノーデン　二〇一三年六月、私は政府による違法な情報収集に関するトップ・シークレットの機密情報を暴露しました。政府はこの行為を犯罪だと主張しています。しかし、ここで重要なことは、政府にはこのような事態を回避するチャンスがあったということです。

政府には、こうした違法な情報収集活動を廃止する機会がありました。私が情報を暴露する数カ月前の二〇一三年二月、監視プログラムの違法性を争う訴訟について連邦最高裁判決[23]が出されました。この訴訟はACLU（アメリカ自由人権協会：American Civil Liberties Union）が原告の代理を務めており、アメリカでは大規模な監視捜査が行われていると指摘する多くのジャーナリストの調査報道をもとに、NSAが憲法に違反する無差別な監視を行っていると主張して

The Washington Post
Democracy Dies in Darkness
Politics
Supreme Court dismisses challenge to surveillance law

スノーデン氏が紹介した、連邦最高裁がNSAの監視プログラムの違法性を争う訴訟を却下したとの記事。2013年2月26日「ワシントンポスト紙」より

いました。原告はこのプログラムが提起する憲法問題は非常に重要であると主張しました。これに対し政府は、国家機密を理由として、ジャーナリストであれ市民団体であれ自らが監視の対象であるという事実を立証することは許されないから、裁判所にはこれらのプログラムの違憲性を判断する権限がないと主張しました。最終的に最高裁は、政府の主張どおり監視プログラムが現に実施されているか否かを立証すること事態が禁止されていると判断しました。このプログラムは法の支配の枠外、裁判所による監督の対象外に置かれてしまったのです。

　議会はどうでしょうか。実際、アメリカの議会にはこうしたプログラムを監視する義務があります。この義務に基づいて、議会はDNI（国家情報長官：Director of National Intelligence）というインテリジェンス部門のトップであったジェームズ・クラッパー将軍に対し監視プログラムに関して証言を求めたことがあります。宣誓に基づく証言なのでここで嘘をつくことは重罪になります。質問者は情報機関の活動を監督する上院議員でした。情報機関は法に従って活動しているのか、NSAがアメリカ人を対象に大規模な監視捜査を実施していることはないか、行っている場合必要な手続きを踏んでいるかということを尋ねました。「はい」という回答を予想しますよね。あるいは、国家機密保護法で発言することが法的に禁止されている場合には、「公開された議会で回答することはできません。機密が保持される会議において、機密が保持される討議をする必要があります」などと答えるはずだと思いますよね。ところが実際には、以下のようなやりとりになりました。

＊以下ビデオからの引用[24]。

上院議員　ＮＳＡは、数百万人あるいは数億人のアメリカ人から情報を収集していますか。

クラッパー国家情報長官　いいえ、ありません。

上院議員　集めてないのですか。

クラッパー国家情報長官　意図的には集めていません。ＮＳＡが、偶発的に収集してしまったということはあるかもしれませんが、意図的ではありません。

スノーデン　政府の高官が、議会において一般的・概括的な文脈で質問を受けながら、秘密保持が優先されると判断したわけです。この事実が、アメリカの民主主義あるいは日本の民主主

スノーデン氏が紹介した、2013年3月12日の上院の情報機関監視委員会におけるクラッパー国家情報長官の発言の様子。
https://www.c-span.org/video/?311436-1/senate-intelligence-cmte-hearing-worldwide-threats-us&start=4030　より

義にとって何を意味するか考えてみて下さい。オサマ・ビン・ラディンのスパイをしていますかと尋ねているわけではありません。具体的な捜査手法を尋ねているわけでもありません。

一般論として、この国のすべての人の憲法上の権利は侵害されていないのか、この国の国民はスパイの対象になっていないのかと質問され、将軍はＮＯと答えているのです。これは危険です。これは説明責任に対する大きな脅威です。民主主義社会において秘密とは何かという重大な問題を提起しています。

総力戦の時代、すなわち港に潜水艦や魚雷を配備し、戦時配給態勢に入り、外国からまさに侵略されているような事態にあるならば、軍事上の必要性や我々の社会を根本から揺るがす脅威が存在することを理由に、法制度を変更することも許されるでしょう。

しかし、果たして今の世の中に、私たちが享受する市民としてのすべての権利を放棄しなければならないような、社会を根本から揺るがす脅威が存在するでしょうか。私たちの社会を素晴らしいものにしている環境や、私たちの社会を真似したいと思わせるような理念をすべて投げ出さなければならないような脅威が存在するのでしょうか。人々が、日本に住みたい、アメリカに住みたいと思う理由を放棄していいのでしょうか。

さらに重要なことは、このような秘密主義は政治の意思決定のプロセスや官僚の質を変えてしまうということです。ある政策が適切なのか、信頼できるのか、正しいのかといったことは、ジャーナリストが知るべき事実です。政策がどのように実施されているかを知ることも大変重要です。

しかし、政府が安全保障を理由として、政策の実施過程は説明せず、単に法律に従っていると説明するだけとなれば、ジャーナリストが政策の実施過程を知ることはできなくなり、やがて政府による法律の濫用が始まるでしょう。政府からすれば、何をやっても伝えなくてよいという普遍的な正当化の盾を持っていると思うわけですから。

もちろん政府を信頼する人もいるでしょう。それは問題ありません。しかし、信頼するとしても仕組みは必要です。仮に政府が信頼を裏切り、権限を逸脱し、法律に違反した時には、私たちが法律に違反した時と同様、説明責任が問われなければなりません。しかし、「秘密」はこの仕組み自体を危険にさらしてしまうわけです。

ジャーナリズムの役割は政府の暴走を抑止すること

スノーデン　さらに監視の問題に限らず、日本でも少しずつ全体主義が拡大していると言えます。全体主義は軍国主義と同じではありません。確かに、軍国主義というのは日本で台頭しつつある新しい全体主義の最もわかりやすい形かもしれません。しかしこれらは異なります。

より便利であるという理由だけで、政府の求めに応じて無制限の権力を与えることは大変危険なことです。民衆が政策に反対しているのに、政府が民意を無視することを何とも思っていない時にはとりわけ危険です。ここで私が問題にしているのは、日本国憲法九条の解釈のことです。

安倍政権にとって、憲法を改正したいのであればそれもひとつの政策でしょう。しかし、改正をしたいのであれば手続きを踏む必要があります。安倍政権はその手続きを踏むべきでした。有権者の三分の二が、日本をより軍国主義的にするような憲法九条の削除、改正、そして再解釈に反対しているにもかかわらず、安倍政権は、憲法改正という正攻法ではなく、裏口入学のような法律解釈を行ってしまいました。これは世論、さらには政府に対する憲法の制約を意図的に破壊したといえます。

もちろん私は、日本にとって何が正しいかということを言う立場にはありません。でもこれだけは言えるでしょう。政府が、「世論は関係ない」、「三分の二の国民が政策に反対しても関係がない」、「国民の支持がなくてもどうでもいい」と言い始めているのは、大変危険です。

このような時こそ、ジャーナリストは政府が何をしているかを把握しなければなりません。にもかかわらず、すべての情報が特定秘密として閉じられてしまう。これは非常に危険です。こうした問題に関しては公共での議論が必要です。また、メディアも連帯を確保して、政府の政策や活動を批判しないようプレッシャーを掛けてくる政府に対抗する必要があるでしょう。

メディアは大きな変革をもたらす力を持つ

――あなたは今、政府の権限濫用を抑止するためのメディアの重要性について言及されました。しかし、アメリカの主流メディアの一部はあなたを裏切り者と呼んでいますね。一体主流メディアの役割をどのように見ていますか？　主流メディアは、政府の暴走を抑止する役割を果たしうると思いますか。

スノーデン　はい。果たしうると思います。私は、自分がどう呼ばれようとどうでもいいと思っています。なぜなら問題とされているのは私自身のことではなく私たちのことだからです。自分の国を愛していれば、自分が少々批判されても耐えられます。私を非難することは勝手です。しかし、ジャーナリズムが生み出した変化を非難することはできないはずです。

二〇一三年の暴露をきっかけに、アメリカ政府が合法的だと言い続けてきた問題が初めて公開の法廷で審査され、裁判所はこのプログラムについて、法律の授権をまったく受けていないというだけでなく、私が主張していたように、違憲と考えられると判断しました。[25] 裁判所は、ジョージ・オーウェルの書いた『一九八四年』という小説に言及しながら、これらのプログラムの及ぶ範囲はオーウェル的だと述べています。

また、議会がほぼ四〇年ぶりに、情報当局の権限を拡大するのではなく制約する法律を制定しました。私は彼のファンではありませんが、オバマ大統領（当時）は、私がやったことは絶対許すことはできないが、このような問題について議論したことはアメリカを強くしたと述べています。[26] また、オバマ政権の下で、アメリカ史上初めて、日本国民やドイツ国民などの外国人に対して、わずかではありますがプライバシーが保障されることとなりました。[27] もちろん規模としては小さいです。意味ある改革ではありません。でも、第一歩ではあります。

私を嫌いであればどうぞ非難して下さい。それはもちろんフェアなことです。私が選んだ方法についても、非難したい人は非難していただいて結構です。でも私が申し上げたような変化は、今まで公にされていなかったことが明らかにされなければ生じなかった変化です。それこそがメディアの方にフォーカスしていただきたいことです。私の性格や顔なんてどうでもよいのです。もっと本質的な議論をしましょう。

メディアは大きな変革をもたらす力を持っています。今回の暴露において本当のヒーローは私のような内部告発者ではありません。ヒーローはジャーナリストたちです。彼らは、政府の脅迫に立ち向かいました。イギリスでは、すでに報告されているように、政府関係者が実際にメディアの社内に立ち入って、ジャーナリストに対して、資料をすべて破棄し、ハードドライブやラップトップを物理的に破壊するように命じたのです。[28] 政府関係者は、確実に破壊されたことを確認するために現場に立ち会っていました。

けれどもジャーナリストは屈しませんでした。彼、彼女らは、その情報を電子的にニューヨークに移転したのです。ニューヨーク市であれば、英国政府が情報を破棄させる権限を有していなかったためです。

日本の報道は危機的状況

スノーデン　今、日本のプレスは脅威にさらされています。その態様はピストルを突き付けられたり、ドアを蹴られたり、ハードドライブを壊されたりという形の恐怖ではありません。日本における恐怖は、静かなる圧力、企業による圧力、インセンティブによる圧力、あるいは取材源へのアクセスの圧力です。テレビ朝日、TBS、NHKといったような大きなメディアは、何年にもわたって視聴率の高い番組のニュースキャスターを務めた方を、政府の意に沿わない論調であるという理由で降板させせました。

政府は自分たちの持つ地位と権力を理解しています。政府は放送法の再解釈を通じてプレッシャーをかけています。政府はあたかも公平性を装った警察のようにふるまいます。「この報道は公平ではないように思われますね。報道が公平でないからといって具体的に政府として何かをするわけではありませんが、公平でない報道は報道規制に反する可能性がありますね」などとほのめかすのです。

こうした類の脅迫は、メディア各社の上層部に明確に伝わっています。これは驚くことではありません。メディアの事情も理解はできますが、脅威に屈してはいけません。政府が嫌いなニュース会社やニュースキャスターを排除してはなりません。今求められていることは連帯です。

ニュース組織、TBS、NHK、テレビ朝日、その他のさまざまなテレビ・チャンネル、そしてジャーナリスト団体が一緒になって、自由な報道というものは政府の言いなりになって書くのではないこと、開かれた社会における報道の自由の目的は政府による情報の独占に対抗することにあることを訴え続ける必要があります。

とりわけ、日本社会や日本で暮らす人々の権利に大きな影響を及ぼす事項については、対抗していく必要があります。政府の動きを調査できなければ、企業の動きを調査できなければ、また調査の結果判明した実態を人々に伝えることができなければ、ジャーナリストではなくなってしまいます。ジャーナリストではなくただの速記者です。それは日本の市民社会にとって非常に大きな損失であり、ひいては日本にとっても大きな損失だと思います。

テロへの不安に乗じ拡大される監視活動

――九条の問題やメディアへの間接的な圧力といった日本の最近の動きについてよくご存知であることに驚きました。もう一点質問させて下さい。

私自身、日本の警察によるムスリム・コミュニティの監視の合憲性をめぐる訴訟にかかわっています。日本の警察は、極めて伝統的な活動、たとえばモスクのそばに捜査員を配置して出入りをひとりひとりチェックするなどの監視捜査を行っていたのですが、ＮＳＡのプログラムも、マイノリティのコミュニティ、たとえばムスリムなどの宗教的なマイノリティや民族的なマイノリティを標的にしていたのでしょうか。ＮＳＡやＣＩＡには、やはりマイノリティのコミュニティに対する偏見があるのでしょうか。

スノーデン　これは非常に複雑な問題です。もちろん「イスラモフォビア（イスラム嫌い）」は情報機関の中に存在しています。情報機関は、仕事を通じてムスリムによるテロの脅威や極端な原理主義が実際に存在していることを認識しています。世の中には実際に犯罪を企む悪い人たちがいますし、そうした脅威ばかり見ていると悪い人のイメージに染まってしまって事実上の影響を受けてしまうということはあります。

しかし、具体的な証拠に基づいてある特定の人物が極端で暴力的な活動に従事していると判断できる場合と、ある人物が信じている政治的・宗教的信条に個人的に反対であったり、共感できない場合とは区別しなければなりません。本当はそのような感情と仕事は分けて考えなければいけませんが、残念ながら全員が区別できるわけではありません。

すべての組織にレイシズムが存在するのは事実です。これは大変残念なことですが、我々の社会の現実でもあります。レイシズムとは戦っていかなければなりませんが、まだ成果を挙げるには至っていません。また残念なことですが、一般人が恐怖心を持っているというだけの理由で、犯罪活動に従事したり、犯罪組織にかかわったりしていなくとも、イスラム教徒が捜査活動の対象になりがちだという現実はあります。

ただ、日本においてそのようなテロの脅威が本当にあるのでしょうか？　世論調査を見ると、多くの国民が潜在的なテロ事件の脅威に対して非常に恐怖を持っています。でも、日本で実際にテロと呼ぶに値する事件が起きたのはいつのことでしょうか？　オウム真理教の事件が最も重大な事件だと思いますが、これは、一九九五年であり二〇年以上前のことです。しかも、オウム真理教はイスラム過激派などではなく、狂信的な終末論を信じ、教祖が新たな皇帝になりたいと願っていた教団に過ぎません。

一番重大な脅威というのは、あまりよくわからない脅威であることがよくあります。たとえばティラノサウルスのような恐竜を私たちは恐れますが、実際にはこれは想像上の脅威に過ぎません。テロはもちろん現実の脅威として存在しています。けれども西欧諸国や日本において、非常に重大な、日常の脅威として存在しているのかというとそうではありません。イエメンやイラク、シリア、アフガニスタンなどとは違うわけです。テロリストの多くは、こうしたイスラム諸国の地域で活動しています。

にもかかわらず、アメリカではモスクに対する監視活動が行われています。それどころか、アメリカでは人権活動家や、アメリカの社会とイスラムコミュニティとの前向きな関係構築を唱えるＣＡＩＲ[29]（アメリカ－イスラム協議会：Council of American-Islamic Relations）に関係する人々も監視されています。

こういった人たちは実際には、安全保障に対する脅威をまったくもたらしていませんが、こうした人たちの動向を知りたいために政府は監視しているのです。これらのことは昔から行われてきたことですし、これからも繰り返されるでしょう。念のため明確にしておきますが、これまで話したことは個人的な意見ではなく、実際に報道されている事実やすでに生じた現実の脅威に基づいています。

政府は、グーグルの検索ボックスに打ち込んだ内容をすべてモニタリングできる

スノーデン　こちらのスライドがあります。

これは、実際のＮＳＡのトップ・シークレット文書をもとに、二〇一三年に発表された記事です。この記事によると、ＮＳＡは、イスラム過激派だとみなした人たちのポルノサイトの閲覧履歴や性癖に関する情報についてスパイ活動を行っているということです。これらの人々は、実際にはテロリストではありません。ＮＳＡも自らの文書の中で、「これらの人々は暴力的ではないし、暴力活動に従事しているわけではない。しかしこうした人たちの政策提言活動が政府の意に沿わないのでこうした監視を行っているのだ」と認めています。ＮＳＡは、こうした人々を過激派とみなしています。ＮＳＡは、イスラムが性的に保守的な宗教であることを利用して、宗教的な人物の性癖を暴いて拡散すれば支援者の彼らへの信用を失墜させることができると考えて、性的な活動についてモニタリングを行っていました。

私たちは、このような監視能力がＳＦの世界ではなく現実のものであることを認識した上で、これに立ち向かわなければなりません。政府は、たとえばグーグルの検索ボックスに打ち込んだ内容をすべてモニタリングできる状況にあるのです。

日本では、テロよりも風呂場で滑って死ぬ確率の方がはるかに高い

スノーデン　このこと自体が世界の終わりをもたらすとは私も思っていません。

たとえば、実際にテロ行為が行われた際や、連続殺人犯を見つけるためといった非常に重大な局面でこうした技術を用いることは許されるかもしれません。しかし、こうした技術が人権

THE HUFFINGTON POST

Top-Secret Document Reveals NSA Spied On Porn Habits As Part Of Plan To Discredit 'Radicalizers'

スノーデン氏が紹介した、NSAが「イスラム過激派」を貶めるために性的嗜好を監視していたという報道。2013年11月26日「ハフィントンポスト」より

団体やジャーナリストを監視するために用いられるのは問題です。

たとえば、最近ウィキリークスで明らかになったことですが、ＮＳＡは経済政策や気候変動対策に関する情報を収集するために、日本の大企業や政府の内部の会議を盗聴していたようです[30]。もちろんテロとは関係がありません。

たとえば、アメリカと貿易交渉を行う際の情報、たとえばさくらんぼの価格をめぐる交渉に関する情報などを盗聴していたとされています。政府が、この程度の情報収集のために盗聴技術を用いるとしたらどうなるでしょうか。イスラム過激派によるテロの脅威が、日本の社会において現実的な問題ではないはずなのに、日本のムスリム・コミュニティを無差別に監視したらどうなるでしょうか。

私は専門家ではないので誤っていればご指摘を賜りたいのですが、ここ数年でイスラム過激派のテロによって犠牲となった日本人は、紛争地帯に崇高な目的のために赴いた方々だけだと認識しています。しかも、彼らの場合は、日本政府の近年の軍事政策に対する反感を理由として誘

拐され、処刑されたと聞いています[31]。
実際の脅威の程度がどれくらいかを検証する必要があります[32]。日本では、テロリストに殺される確率よりも風呂場で滑って死ぬ確率[33]の方がはるかに高いのです。

母国アメリカで改革を推進するお手伝いをしたいのですが……

――会場のみなさまとオンラインサービスのニコニコ動画からの質問に移りたいと思います。初めの質問はあなたの現在に関することです。多くの人があなたのロシアでの生活に関心を持っています。「自由に外出できるのでしょうか。ロシア政府からの圧力は感じているのでしょうか」。また、「アメリカに帰るつもりはありますか、どういう条件があれば帰りますか」という質問も来ています。

スノーデン　ニコニコ動画を見ている多くの人たちは、私と同じような生活をしているのではないかと思います。私はインドア派（Indoor-Cat）なのです。興味がないのでクラブなどには行きませんが、多くの人と同じように、公園を散歩したり買い物に行ったり、特に制約なく出歩くことができます。かなり開放的な生活をしています。もちろん常に注意は払っています。世界で最も強大な権限を持つ政府から追いかけられている身ですから。

母国アメリカに戻りたいということは何回も述べています。再びアメリカの政府職員として働くことができればどんなに素晴らしいだろうと思います。改革を推進するお手伝いをしたいのですが、政府の準備がまだ整っていないと感じています。

帰国の条件については、二〇一三年のリーク以降何度も政府に伝えています。公平な裁判を行い、陪審員に私がやったことは正しいことだったということを主張したいというものです。実際、裁判所では私が暴露した政府の監視プログラムは違法であったという判断が下されているわけですから。

ただ残念ながら、現在のアメリカの法制度ではそのような裁判を受けることは許されていません[34]。私は発言が許されないのです。政府に帰国の条件として裁判で発言することを認めてほしいと連絡するたびに、同じ内容の書面が戻ってきます。「アメリカ政府はあなたを拷問にかけないことを約束します」というものです。

――それはひどいですね。

スノーデン　これはないだろうと思います。アメリカ政府ともあろうものが、グローバルな人権問題についてこのような取り扱いをすべきでしょうか。アメリカ政府には、人を殺しません、拷問はしませんという以上のことを約束する政府であってほしいと思います。アメリカの法廷は公平で信頼できるものであってほしいと願っています。

アメリカには信頼できる陪審制があります。アメリカ国民から選ばれた一二人の陪審員のひとりが、今回の内部告発は刑事犯罪ではないと思ったとすれば、そのような発言を認めるべきです。しかし残念ながら、現時点でアメリカ政府が私の求める条件を認める気はないようです。

暗号化技術がプライバシーを守る鍵

——続いて会場からもニコニコ動画からも来ている質問です。「大企業の間で顧客のプライバシーをマス・サーベイランスから守ろうとする動きが出ています。最近のアップル対ＦＢＩの訴訟もその一例だと思います[35]。我々はアップルのような企業が、政府によるマス・サーベイランスから個人のプライバシーを守ってくれると期待してもよいでしょうか」。

スノーデン　過去数十年で監視がこれほど爆発的に拡大したのは、技術的に簡単になり経済的に安くなったためです。政府からすればやらない理由がないわけです。学術的にも技術的にも難しさはなく、またほとんど無料で技術を入手できます。修士号を持っている優秀な学生であれば、今回の監視プログラムを数カ月で複製できるでしょう。

政府にとって現実的な問題は情報を集める際の利益衡量《こうりょう》だけでした。令状を取得して収集できる範囲はどこまでか、企業にお願いしたり威嚇したりすることで取得できる範囲はどうかといった問題だけが現実の課題でした。

しかし、今回のリークによってインターネットの安全性に企業が疑問を抱くようになり、政府のこの目論見《もくろみ》は修正を余儀なくされつつあります。

二〇一三年のリークによって得られた技術的な教訓は、ネットワークの回路は危険に満ちあふれているということです。二〇一三年以前から、インターネット通信の傍受が可能であるということは理論的には明らかでした。ハッカー集団に悪用されうるということも理論的には明らかでしたが、証拠はありませんでした。こうした活動を政府が行っているという確証もありませんでした。

今回のリークにより、政府がインターネット回線を傍受して、テロリストだけでなくまったく無罪の人をも監視しているということが明らかになりました。

これを受けて企業もセキュリティ・レベルを上げています。多くの企業が、通信回路が危険なネットワークであることに気付きました。たとえば、オープン・ウィスパー・システム社(Open Whisper Systems)のＳｉｇｎａｌ[36]のような暗号化された電話プログラムを用いずに電話をかけたり、ＷｈａｔｓＡｐｐ[37]のように暗号化されたアプリを用いずにテキストメッセージを送るということは、まったくの無暗号ということです。裸の通信ということです。誰でもそれを見ることができます。保存して、利用することもできてしまいます。暗号化は裸のコミュニケーションに鎧《よろい》を着せるようなものです。コミュニケーションに服を着せて、安全な形でこの危険な道を歩けるようにする、そして目的地に安全にたどり着けるようにするということです。

ある情報が公共の利益にかなうかどうかを判断するのはメディア

――同じく会場からの質問です。「政府の行動を監視していくためには、メディア及び市民社会の連帯が重要であるとおっしゃいました。メディアや市民社会はどうすれば連帯できるのでしょうか。日本に住んでいる私たちに向けてアドバイスをお願いします」。

スノーデン　これは本当に難しいことだと思います。私は日本文化の専門家ではありませんが、たとえば記者クラブ制度とその排他性はひとつの欠点だと思います。これによって、日本ではジャーナリストというアイデンティティよりも、誰を知っているか、誰とつながりがあるか、どのマスコミとつながりがあるかというアイデンティティの方が強くなってしまいます。

市民社会におけるジャーナリストは、本来は個人としての力量が問われるべきです。日本のメディア組織は連携して、市民社会ひいては日本を守るために、ジャーナリスト業界全体を守ることを核心に据えるべきです。向こうの会社は打撃を受けるかもしれないが、うちの会社は大丈夫だろうという発想は近視眼的です。そんな考えでは、政府を批判することなど未来永劫《えいごう》できないでしょう。しかも明日には政府の抑圧の対象になってしまうかもしれません。

社会における政府の役割に話を戻すと、市民が耳にする内容を政府が決めるべきではありません。それはメディアの役割です。ある情報が公共の利益にかなうかどうかを判断するのはメディアなのです。独立した立場で論説を書いて市民に情報を提供するのは、メディアの役割なのです。

政府はもちろん法律を制定できますし、政策を実施することもできます。監視プログラムを作ることもできます。通信に関するプレスリリースを出すこともできます。しかし、そのプレスリリースをどう解釈するか、どう分析するかはメディアに任せるべきなのです。

メディアは政府のプレスリリースを単に繰り返すのではなく、事実や記録を検討して、政府はこう主張するが私たちはこう考えますと発表するべきです。メディアは、記者の経験と判断に基づけばこれが本当の真実であり、このことを国民に知ってもらいたいのだと伝えるべきです。

プライバシーは、自分が自分であるために必要な権利

――次の質問です。「ジャーナリストでもなく具体的な政治活動にも参加していない普通の人にとって、プライバシーの重要性を理解することは簡単ではありません。普通の人々からすれば、政府はテロ対策として監視しているのであって、危険な活動に関与していない自分は監視されても問題ないと思ってしまいます。このような考えを持つ人々に、あなたのメッセージを伝える方法を教えて下さい」。

スノーデン　これは、世界中の国において大きな課題です。私は、日本は世界でも最もプライバシーに敏感な国のひとつだと感じています。たとえば、ニュース番組でも一般人の名誉やプライバシーに配慮して顔を隠したり音声を変えたり名前を出さなかったりしていますよね。だからと言って日本では問題がないと言っているのではありません。なかなかプライバシーの重要性が幅広く理解されない理由は、企業や政府がプライバシーの重要性の水準を積極的に下げようとしていることも関係しています。

マス・サーベイランスに関与する官僚は、「隠すことがなければ恐れる必要はありません」と述べて監視を正当化します。このような説明は第二次大戦中にナチスのプロパガンダで用い

られていたレトリックとまったく同じです。第二次世界大戦中のプロパガンダ省のゲッベルス大臣は、前代未聞の大規模な人権侵害が起きていた時にこう言いました。

「心配することはありません。政府を信じて下さい。我々は権限を適切に使いますから」

民主主義とはそういうものではないはずです。開かれた社会ではこのようなことは許されません。こうしたレトリックは、プライバシーを間違ってとらえています。

プライバシーとは、悪いことを隠すということではありません。プライバシーとは力です。プライバシーとはあなた自身のことです。プライバシーは自分であるための権利です。他人に害を与えない限り自分らしく生きることのできる権利です。思索する時、文章を書く時、物語を想像する時に、他人の判断や偏見から自らを守る権利です。自分とは誰で、どのような人間になりたいのか、このことを誰に伝えるかを決めることのできる権利です。

訪れるところ、関心や趣味、読んだ本の題名は、あなたが共有したいと思わない限り、ほかの人が知ることはできません。どこで線引きするかはあなた次第です。

プライバシーは力であるということをもう少し説明します。たとえば日本のマスコミの例で考えてみましょう。たとえ報道の自由が確保されていても、情報源を守ることができなければ、本当に独立した調査を実施できなければ、政府からの監視を恐れずに取材し書きたいように記事を書けないのであれば、報道の自由の意味はなくなってしまいます。政府がその記者の上司に圧力をかけることができれば、報道の自由の意味がなくなってしまうわけです。

隠すことがなければプライバシーの権利を気にする必要がないというのは、話したいことがなければ言論の自由は必要ないというのと同じくらい危険なことです。弱い立場に陥る可能性を想像する必要があります。

言論の自由やプライバシーの権利は社会全体に利益をもたらすものです。人々は、自分自身が危険な立場に置かれたり、異色な存在でなくとも、言論の自由やプライバシーの権利がもたらす利益を十分に享受しているのです。

すべての権利は守られなくてはなりません。あなたが安倍晋三首相であれば言論の自由など必要ないでしょう。あなたにこれを言ってはいけないなどという人はいませんし、多くの権利や特権を持っていて、しかも多くの点で多数派に属しているためです。権利は少数派を保護するものです。ほかの人とは異なる人たちを守るために権利は存在します。権利は弱い人を保護するために存在するということを覚えていなくてはなりません。

今現在のあなたにとって、プライバシーはそれほど大切ではないかもしれません。しかし少し想像してみて下さい。プライバシーがなくなれば、あなたはあなた自身ではなくなるのです。

社会のものになってしまうのです。社会があなたを見て判断をする、社会があなたという存在を決めてしまう、社会があなたはどういう人でどういう生活をするべきかと命令するようになるということです。プライバシーは自分自身の判断を可能にするのです。プライバシーは、自分が自分であるために必要な権利なのです。

権限を有する人が説明責任を果たさねばならない

――次の質問です。「あなたの暴露があってから、一般人や政治家の間で、プライバシーと国家安全保障のバランスをどうやって取るべきかについての議論が始まりました。実際、アメリカではアメリカ自由法[38]（USA Freedom Act）が制定され、国連もプライバシーに関する対策を採りました。ご自身のリークがもたらしたこのような影響をどのように見ていますか。予想通りのリアクションでしょうか、それとも予想した以上の影響を及ぼしたでしょうか」。

スノーデン　予想以上です。予想をはるかに上回る影響だと感じています。これは私個人によるものではなく、メディアの力によるものだと感じています。

二〇一三年以降、アメリカでは法律が改正され、大統領の政策も変わりました。二〇一六年五月には、一年前に退任した前任のアメリカの司法長官、つまりリークの当時、政府の司法部のトップにいた人が、私のリークは公共のためになったと述べています。[39] この態度の変化はとてつもないものです。彼が個人的に私を評価するか否かは関係ありません。NSAのプログラムを擁護する人たちも、リークされた内容とそれがもたらした結果を見て、アメリカにおいてこの問題に対する見方は完全に変わったと認めています。これは、ほかの国でも同様です。

ヨーロッパは、包括的なマス・サーベイランスを可能にするデータ保持についての指針を撤回しました。[40] EUは、アメリカとEUのセーフハーバー合意が、基本的人権を侵害すると判断しました。[41] 国連も大量監視の問題は国際人権条約に違反しプライバシーを侵害すると初めて明言し、プライバシーの権利に関する特別報告者を任名しました。[42][43] こうした事柄は、今までは議論すらされてきませんでした。

これらが私のもたらした成果なのだと申し上げるつもりはありません。誰のおかげなのかを考える必要などありません。監視や情報機関について話をする際に、私たちは、直感的にこうした機関は私たちのために活動しているのだと思っていたわけです。これは自然な反応かもしれません。ほとんどの場合はその通りでしょう。しかし理解しなければならないことは、プロセスが秘密だということ、そして、それが最終的に組織や個人にとってどういう意味を持つのかということです。

October 15 2014, 9:32 p.m.

UN Report Finds Mass Surveillance Violates International Treaties and Privacy Rights

国連も大量監視の問題は国際人権条約に違反しプライバシーを侵害すると明言したことを報じる記事。2014年10月15日「インターセプト」より

どのような機関でも、説明責任から切り離され法律も適用されないという状況になれば、腐敗の影響が忍び寄ってきます。そして、権限が拡大し、影響力が拡大し、特権が拡大し、予算が拡大していくということになります。最初はごくわずかだった権力の濫用も次第に大きくなるでしょう。

政府関係者の一部は、「もう心配する理由はない。監視プログラムは用いられない」と述べています。また、「ＮＳＡは何ひとつ違法行為を行っていない。メタデータしか集めておらず、電話の中身を聞いているわけではない」とも主張しています。

しかし、裁判所はこのＮＳＡの主張を明確に否定しました。実際、ＮＳＡの最高ランクの機密文書[44]には、ＮＳＡが法律やＮＳＡの指針に一年間で二七七六回にわたって違反したと書かれています[45]。毎年三〇〇〇回近くにわたって違法行為に手を染めているのに、誰もその責任を問われていません。訴追された人も投獄された人もいません。裁判所で検証されたことすらありません。

自由で公平な社会を維持するためには、安全であるということだけでは足りません。権限を有する人たちが説明責任を果たさなければなりません。さもなければ社会の構造が二層化してしまいます。

私のような一般人たちは法律を破れば厳正に処罰される一方、権力をもった官僚は同じように法を逸脱しても、国家安全保障のためであるなどと言い逃れできてしまいます。拷問をしても、[46]国家安全保障のためとして免責されてしまいます。日本でも、たとえば犯罪と無関係にムスリム・コミュニティや神道関係のグループを監視しても、「監視する必要があった」という言葉のみで、結果について責任を問われなくなってしまいます。

こういう傾向が続けば、すなわち、法律に反しても政府の関係者であれば免責されるということになれば、自由社会にとって回復できない打撃になるでしょう。坂道を転げ落ちていくように。

人類史上未曽有のコンピューター・セキュリティの危機

――もうひとつ質問が出ています。技術的な専門家がこの会場に来ているようです。この方は日本人のハッカーで、情報技術について東大で勉強している方のようです。質問は、「監視の時代において、技術専門家の役割はどのようなものでしょうか。技術専門家の倫理というものはどうあるべきでしょうか」というものです。

スノーデン　技術者が心得ておくべき最も重要なことは、完全に安全なシステムは現在のところ誰にも作ることができないということです。もちろん努力は続けられていますが、メッセージ・プログラムであれプロトコルであれ、根本的な脆弱《ぜいじゃく》性が存在しています。政府が特別なアクセスを求めてくる時には、特定のグループに関する通信のセキュリティを突破するマスターキーを作ることを要請してくるわけです。

アメリカ政府は、「そのためには裁判所の令状が必要で、事前に第三者が審査するから心配ない」と主張しています。しかし、インターネットの世界においてひとつの政府のために働くということは、必然的にすべての政府のために働くことになってしまうことを忘れてはなりません。たとえば、日本で何らかのサービスを提供している会社が日本の裁判所の令状に基づき日本政府に対し特定の通信にアクセスすることを認めるとします。一度認めてしまうとその後に中国政府がやってきて、「中国の裁判所の令状に基づいて情報を提供しなさい。さもなければ中国で製品を販売することは許されない」と言われてしまうわけです。

さらに、政府は合法的な捜査手続きを経る必要もサービスを提供する会社の協力を待つ必要もないということも留意しなければなりません。政府は、独力で特定のシステムに潜入したりハッキングしたりすることができます。政府は、暗号化をすり抜けることができるわけです。

NSAは毎日やっています。

暗号化が無意味だと言っているのではありません。暗号化は今でも強力な方法です。しかし、暗号化は人々を集合的なレベルで保護してくれるに過ぎません。すべての通信の暗号を解読することはできませんからね。他方で、暗号化をすり抜けて特定のデバイスにハッキングしてキーを盗むというようなことは可能なわけです。

技術者として考えなければならないのは、私たちが人類史上未曽有のコンピューター・セキュリティの危機の中に生きているということです。つまり、フェイスブックのメッセージやニコニコ動画その他のシステムを保護するためのものと同じ基準やプロトコルが、ダムの開閉や東京全体の灯《あか》りを制御する仕組みにおいても用いられているということです。政府に協力しこれらのシステムを弱体化させるということは、単に自国の政府がシステムに入れるようにするだけではなく、世界中のすべての政府との関係でこれらの基礎的なシステムが脆弱化してしまうということです。

その結果、システムの脆弱性が悪用され、政府に協力することによってあなたが防止しようとした被害よりも大きな被害が発生してしまう可能性もあります。私たちはまず、セキュリティ保護の質の問題に目を向けなければなりません。可能な限り強力なセキュリティのシステムがなければなりません。さもなければ私たちのすべての安全性が確保されなくなってしまうのです。

民主主義では、市民が政府に法律を守れと言えなければならない

――次に、内部通報者の問題です。「チェルシー・マニング[47]やダニエル・エルズバーグ[48]という人物が過去にいましたが、こういった内部通報者は、安全な生活を捨て生命のリスクを冒しながら活動し、場合によっては国を出なければならなくなりました。あなたは、政府の内部通報者にどのようなメッセージを送りたいと考えていますか」。

スノーデン　これも難しい質問です。アメリカの内部通報制度は現在うまく機能していません。適切な保護制度が存在しないのです。実はトーマス・ドレークという人物が、私よりも前にNSAの大量監視[49]に関して正式の手続きを通じて内部通報を行っていました。彼はジャーナリストとは接触せず、その前に政府内の監督機関、すなわち政府機関が法律を遵守しているかを確認する機関である監察官[50]（Inspector general）に面会して告発を申し出ていました。

彼は議会の情報機関監視委員会[51]（Intelligence Committee）にも話をしました。彼の行動は法律の定める手続き[52]に則《のっと》った正当なもので、本来これらの機関には彼を危険から守ることが期待されていました。彼は政府による典型的な権力濫用を通報したのであって、これらの機関は本来彼のキャリアを守り、彼が訴追されないようにするべきでした。

しかし、彼は検察官に送り付けられました。本来であればＮＳＡで高官の地位にいるべき人物であるにもかかわらず、政府から解雇され、家を失い、妻も失い、今はアップル・ストアでｉＰａｄを売っています[53]。このように内部通報制度はうまくいっていないのです。このことを理解することは重要です。

ドレークはＮＳＡに所属する最高位の法律家を訪ね、このプログラムは違法で違憲だと訴えました。しかし、当時ＮＳＡに所属していた一〇〇人のうちナンバー2の役職にあった高官は、「私をかかわらせないでくれ。聞きたくない。私には関係ないことだ」と言ったのです。実際インタビューで次のように述べています。

＊以下ビデオからの引用

ビート・ポテンザ（ＮＳＡ副ジェネラルカウンセル）「プログラム」に精通していない者が私

スノーデン氏が紹介した、ドレークの告発を受けてのピート・ポテンザNSA副ジェネラルカウンセルの発言の様子。2014年5月13日放送
http://www.pbs.org/wgbh/frontline/film/united-states-of-secrets/transcript/ より

のところにきて、「我々は狂ったことをやっている。憲法に違反している」と告発したとしても、私としては、「自分の仕事に戻れ。これ以上この問題で私をわずらわせるな」というしかありません。彼が、憲法違反だと告発してきたとしても、私は即座に会話を打ち切ったでしょう。彼が憲法違反だといったところで、私はそれ以上彼の話を聞くことはなかったでしょう。

スノーデン　重要な点です。この人たちは政府の違法行為を監督することが仕事です。その彼らが、憲法違反の話に耳を傾けず、「私には関係ない。聞きたくない」と言い逃れすることが許されるならば、これは構造的な問題です。単発的な人権侵害以上に深刻です。こうした状況が積み重なれば民主的なコントロールが失われてしまいます。小さな権限の濫用が繰り返されやがて大きな濫用になったとしても、罰則が定められていないという状況です。濫用の圧力を解放するバルブがないと、事態はますます悪化してしまいます。

トーマス・ドレークこそが、エドワード・スノーデンを二〇一三年のリークに結び付けた直接のきっかけといっても過言ではありません。民主的なコントロールを実現するためには、内部告発者を適切に保護する法制度を整備しなくてはなりません。これはアメリカだけの問題ではありません。日本やヨーロッパその他すべての国において適用される国際的な基準が必要です。

権力者が自らを罰することに積極的になるはずがありません。「これは恥ずかしい過ちだったね。是非記事にして下さい」などという政治家はいないでしょう。しかし、市民は政府が違法行為をしていないか知る必要がありますし、政策が法律に違反している場合には責任者が説明責任を果たすよう追及できるようにしなければなりません。

シンプルなことです。民主主義においては、市民が政府に法律を守れと言えなければならないのです。政府がベールに包まれた舞台裏で政策判断を下す限り、何もわからない市民には発言権がないわけです。もはや市民ではなく召使です。対等なパートナーではなく、それ以下の存在でしかなくなってしまいます。

判断過程をAIやアルゴリズムに委ねた時、生み出されるものは権力の濫用

――もうひとつ伺います。「最近AIが急速に発達しています。政府は人工知能をどのように使っていくでしょうか。市民の監視に用いるのでしょうか。将来の見通しを教えて下さい」。

スノーデン マス・サーベイランスは、極めて質の悪いAI、無能なAIに喩《たと》えられると思います。世界中の人のあらゆる情報を集めれば、誰がテロリストかわかるかもしれないというのがマス・サーベイランスの理屈です。しかしこれは誤りです。このような膨大な情報を収集してもテロリストを見つけることはできません。フォルス・ポジティブ[54]比率が高いのでうまくいかないということが判明しているわけです[55]。

ホワイトハウスは二〇一三年のリークを踏まえ、「PCLOB」という独立委員会[56]に、NSAのマス・サーベイランス・プログラムを検証するよう指示しました。委員会は、プログラムが憲法に適合するか、実効性が認められるか、改善の必要性はないかなどを検証し、二〇一四年に報告書を公開しました。

結論はプログラムは違法であって、終わらせるべきだというものでした[57]。一〇年近くにわた

The Washington Post
Democracy Dies in Darkness

National Security

Independent review board says NSA phone data program is illegal and should end

スノーデン氏が紹介した、独立委員会がNSAの情報収集プログラムが違法であり終了すべきだと判断したという報道。2014年1月23日「ワシントンポスト紙」より

り、三億三〇〇〇万人の全アメリカ国民と世界中の人々の通信情報を、裁判所の審査なく、意義のある法的な手続きを経ずに収集しながら、ひとつのテロをも防止できなかったと報告されています。それどころか、テロ捜査にとって何らかの意味で有意義な情報すらひとつもなかったと報告されています。膨大な情報を集めてもまったく意味がないことが明らかになったわけです。

テロ捜査とＡＩというと、すべての人を監視すればコンピューターに誰がテロリストであるかを学習させることができると考えられがちです。そんなことはできません。テロリストは異常値なのです。当然のことですが、ほとんどの人はテロリストではありません。テロリストは全体の母数からすると極めて希少な例外的な存在です。

その結果フォルス・ポジティブの比率が極めて高くなり、テロリストではない人たちを特定してしまいます。他方でフォルス・ネガティブ比率、つまりテロリストをテロリストではないと特定してしまう確率も非常に高くなります。オサマ・ビン・ラディンすらテロリストではないと

判断してしまいます。これがＡＩの問題です。

ＡＩが役に立つ場面もあります。たとえば画像認識などの一般的な判断です。ある画像を見せて、リンゴかオレンジか、あるいは自動車かと識別することはできます。このように人間の判断をサポートすることはＡＩにもできるでしょう。

しかしながら、現在のところ法制度の代わりになるようなものではありませんし、近い将来に取って代わるとも思えません。突き詰めれば人間はアルゴリズムよりもはるかに複雑だからです。判断過程をアルゴリズムに委ねた際、生み出されるものは権力の濫用だけでしょう。

自由を享受できる社会は市民が主役になって初めて実現される

――終わりの時間が近付いてきました。最後にニコニコ動画のユーザーからの質問をメッセージとともに読み上げます。多くの方が共感するメッセージだと思います。「あなたがやったことは勇敢であって尊敬しています。多くの日本人があなたの活動をサポートしていることを知ってほしいと思います」。その上で質問です。「日本の人々にメッセージはありますか。日本人として、あなたをサポートするために何ができるでしょうか」。

スノーデン　第一に関心を抱いて下さい。シンプルに聞こえるかもしれません。しかしプライバシーとは何かを隠すことではありません。守ることです。開かれた社会の自由を守ることです。立ち上がり自分の権利を守らなければ、そして政府が適切に運営されるよう努力しなければ、権力の腐敗が起こります。

市民が反対しているのに政府が意に介さず法律を成立させるような社会では、政府は制御不能となります。あらゆることのコントロールが失われます。人々は政府と対等のパートナーではなくなります。全体主義にならない保証はありません。

私たちはみな、自分たちの子どもを自分たちが引き継いだ社会よりも自由でリベラルな素晴らしい社会に住まわせたいと願っています。それを実現させる唯一の方法は、常に目を光らせ続けることです。常に民主主義にかかわり続ける必要があります。監視の問題のみならず、自分にとって重要なことについてもかかわり続けなければなりません。

ネガティブな面を見るだけでもいけません。もちろん政府が悪いことをした時には責任を取らせなくてはなりませんが、非難するだけではなく、良いことを評価すること、そしてさらに重要なことは具体的にこういうことをやってほしいと訴えることです。前向きな社会のヴィジョンを持って下さい。

たとえば、電話をする時は常に、政府のデータベースに集められる内容を思い患う社会には

東京大学にて満員の聴衆を前にインタビューに答えるスノーデン氏

住みたくないでしょう。私は自分がしたすべてのことが追跡され、監視される社会には住みたくありません。たとえば、三年前の三月四日にどこにいたか、私自身は覚えていませんがフェイスブックや携帯電話会社は知っているわけです。

突き詰めれば、これは選択の問題であり、同意の問題であり、そして参加の問題です。

人と話して下さい。価値観を共有して下さい。会話をして下さい。議論をして下さい。そして決して恐れないで下さい。リスクを認識すること、それが現実にあると認識することは大事なことです。

手榴弾《しゅりゅうだん》の上に身を投げ出しましょうなどと言っているわけではありません。誰もそんなことしたくありません。殉教者など必要ありません。

けれども行動を怖がらないで下さい。過ちを見つけたならば、すぐに行動に移して下さい。既定路線になる前に動いて下さい。政府の方針となることを待たないで下さい。物事を注意深く見て下さい。よく考えて下さい。受け身にならないで下さい。そして最後にこのことを忘れないで下さい。自由を享受できる社会は市民が主役になって初めて実現されるということを。

あなたは誰かをサポートする脇役ではなく主役なのです。ありがとうございました。

——今日の議論がプライバシーと国家の安全をめぐる議論の出発点になればうれしく思います。またいつかお話しできることを願っております。

註

（1）二〇一七年二月一日付朝日新聞デジタル版「GPS捜査、警察庁が存在隠すよう指示　公判で明らかに」http://www.asahi.com/articles/ASK105F9CK10UTIL02P.html

二〇一七年三月一五日、最高裁は一五人の裁判官の全員一致で、法律に基づかず無令状で行われるGPS捜査は違法であると判断しました（http://www.courts.go.jp/app/files/hanrei_jp/600/086600_hanrei.pdf）。結果的に、警察は違法捜査を組織的に実施しながらそれを隠蔽していたことになります。早期にGPSの利用を明らかにして裁判所の判断を仰いでいれば、これほど長きにわたり違法行為を積み重ねることはなかったはずです。また、現在警察は、裁判所の令状の発付を条件に、本人への通知なしに、NTTドコモなどの携帯電話事業者からユーザーのGPS位置情報の提供を受けています。今回の大法廷判決は、具体的な法律を欠いたまま、令状請求の審査を担当する個々の裁判官の判断にGPS捜査の是非を委ねるべきではないと判示していることから、この携帯電話事業者からGPS位置情報を取得する捜査手法についても見直しが求められていると考えるべきです。

（2）二〇一六年八月三日付毎日新聞デジタル版「隠しカメラ、『民進党』関連建物敷地内に」http://mainichi.jp/articles/20160803/k00/00e/040/195000c

（3）ムスリム違法捜査事件。二〇一〇年一〇月に流出した公安資料により日本のすべてのムスリムが監視されている事実が明らかとなり、十数名のムスリムらが原告となり国と東京都を被告として国家賠償訴訟を求めて提訴しました。一審と高裁は、情報流出による被害について損害賠償を認めたものの、監視捜査についてはテロ対策として必要であり合憲であると判断しました。原告らが上告しましたが、二〇一六年五月、最高裁は具体的な検討をせずに上告を棄却し、事件は終結しました。

(4)日本語に直訳すると安全保障となりますが、防衛や外交に加えて国内におけるテロ捜査など治安維持的な活動も含むより幅広い概念として用いられるため、本書では原語のままナショナル・セキュリティとして表記します。

(5)日本語では諜報《ちょうほう》活動と訳されることもありますが、スパイ的な活動に限らず、ナショナル・セキュリティにおいて有用な情報を収集する活動を広く含む概念として用いられるため、本書では原語のままインテリジェンスとして表記します。

(6)情報機関とも訳されます。ＣＩＡが有名ですが、それ以外にＮＳＡ、ＦＢＩなど一六の機関がインテリジェンス・コミュニティに含まれます。

(7)対象を限定する監視活動は、ターゲット・サーベイランス(target surveillance)と呼ばれ、限定のない監視活動(マス・サーベイランス：mass surveillance)と区別されます。

(8)相手国の主権を侵害するため。

(9)ＦＩＳＡ(Foreign Intelligence Surveillance Act)と呼ばれる法律により、これらの監視が正当化されています。

(10)バルク(ｂｕｌｋ)には大量とか巨大といった意味があります。

(11)通信の内容以外の情報のこと。たとえば電話であれば、いつ、どこで、誰が、誰に対して、どれくらいの時間会話したかといった情報。

（12）「不合理な捜索及び逮捕または押収から、その身体、家屋、書類及び所有物の安全を保障される人民の権利は、これを侵してはならない。宣誓または確約によって証拠付けられた相当の理由に基づくものであって、捜索すべき場所及び逮捕すべき人または押収すべき物件を特定して記載するものでなければ、いかなる令状も発してはならない。」（高橋和之編『［新版］世界憲法集』（第二版）七六頁、岩波文庫）

（13）第三者法理（Third Party Doctrine）と呼ばれるもので、連邦最高裁の Smith v. Maryland 判決（一九七九年）を基礎にしています。電話会社など第三者がアクセス可能な情報にはプライバシーの期待が及ばないとするものです。アメリカ政府は、電子メールに関してもこの法理が適用され少なくともメタデータに関しては修正四条の保障が及ばないと主張しています。

（14）これを比例原則といいます。目的達成のために最小限の程度でしか権利を侵害してはならないとする原則です。

（15）二〇一五年七月に制定された「情報活動に関する法律」のこと。政府が、アルゴリズムを用いてテロの脅威を検知する特別な装置の設置をインターネット・サービス・プロバイダに義務付けたり、偽の中継アンテナにより一定範囲のモバイル通信を受信するシステム（本文第二章でヒロセ氏が触れるスティングレイのようなもの）を利用できるようになりました（齊藤笑美子『情報活動に関する法律―テロ後の動向』論究ジュリスト一六号一〇二頁参照）。同年一月のシャルリ・エブド襲撃事件が制定の追い風となったといわれています（国立国会図書館「【フランス】国による情報監視技術の使用を規定する法律」（外国の立法 2015.10）http://dl.ndl.go.jp/view/download/digidepo_9514875_

po_02650105.pdf?contentNo=1など参照)。

(16)二〇〇七年に設立されたアメリカの非営利・独立系の報道機関で、既存の報道機関と共同で調査報道を行うことで有名です。二〇一〇年にはオンラインの報道機関として初めてピュリッツァー賞(調査報道)を受賞しました。その後も毎年のようにノミネートされており、これまでに合計三度の受賞に輝いています。

(17)"NSA Spying Relies On AT&T's 'Extreme Willingness to Help'," https://www.propublica.org/article/nsa-spying-relies-on-atts-extreme-willingness-to-help (Aug, 15, 2015)

(18)ＮＳＡが光ファイバーケーブルやルータなどに直接アクセスし、電話、インターネット通信及びメールに関する通信内容を入手する監視プログラム(Ｕｐｓｔｒｅａｍ)のうち、ＡＴ＆Ｔの協力の下実施されていたもの。ＦＡＩＲＶＩＥＷのほか、ＢＬＡＲＮＥＹ(ＦＩＳＡの個別の許可を得て実施されていたもの)、ＳＴＯＲＭＢＲＥＷ(ベライゾンの協力の下実施されていたもの)、ＯＡＫＳＴＡＲ(その他七つの電話会社の協力の下実施されていたもの)の四つを合わせてＵｐｓｔｒｅａｍと呼ばれていました。このうちＦＡＩＲＶＩＥＷには最大の予算がつぎ込まれていたとされています。

(19)イギリスは伝統的にＭＩ６が外国における諜報活動を、ＭＩ５が国内における諜報活動を行い、ＧＣＨＱが通信傍受などの監視活動に従事しているといわれています。

(20)アメリカではコモンロー上、弁護人と依頼者の間で、秘密が守られることを意図し法的助言を得る目的でなされたコミュニケーションについては、秘匿特権の対象となり原則として国家機関からの要求があった際にも開示を拒否できるとされています。

(21)オーストラリア政府が、アメリカの弁護士とインドネシア政府との打ち合わせを盗聴していたと報じられています（「ニューヨークタイムズ紙」、"Spying by N.S.A. Ally Entangled U.S. Law Firm", Feb 15 2014, https://www.nytimes.com/2014/02/16/us/eavesdropping-ensnared-american-law-firm.html）。これもスノーデン氏がリークした資料に基づく報道です。

(22)報道では、エビの年間取引額は一〇億ドル、クローブたばこは四〇〇〇万ドルとされています（前註（21）参照）。

(23)国際人権ＮＧＯアムネスティ・インターナショナルがマス・サーベイランスの違法性を争った訴訟。ＡＣＬＵが代理人のひとりを務めました。連邦最高裁は、監視の事実を裏付ける証拠がなく憶測に基づく主張であるとして、訴えを却下しました。Clapper v. Amnesty International USA 568 U.S. ___ (2013), https://www.supremecourt.gov/opinions/12pdf/11-1025_ihdj.pdf

(24)このやりとりはＡＣＬＵのウェブサイトで見ることができます。
https://www.aclu.org/issues/national-security/privacy-and-surveillance/nsa-surveillance

(25)大量の電話のメタデータを収集する監視プログラムの違憲性が争われた訴訟において、リチャード・レオン連邦地裁裁判官は、オーウェルの小説に触れたうえで、ＮＳＡのシステマティックでハイテクな監視プログラムは想像する限り最も無差別なプライバシー侵害であると批判しました(Klayman v. Obama)。また、この裁判では監視プログラムによって防止することのできたテロ活動を政府がひとつも明らかにできなかったことも話題を呼びました。

(26)二〇一四年一月一七日の演説において、オバマ大統領（当時）は、インテリジェンス活動についての検討において憶測や仮定ではなく事実や具体的事象にのみ着目することで変革の方向性が明らかになった、今回の議論ではアメリカをより強くし世界をリードする国とするだろうと述べました。全文はこちら。https://www.washingtonpost.com/politics/full-text-of-president-obamas-jan-17-speech-on-nsa-reforms/2014/01/17/fa33590a-7f8c-11e3-9556-4a4bf7bcbd84_story.html

(27)Presidential Policy Directive28（PPD28）という大統領政策指令において、通信傍受の監視プログラムの実施に際し外国人のプライバシーにも配慮することを指示しました。

(28)GCHQの職員が「ガーディアン紙」の編集者に対しハードドライブを破壊するよう命令し、実際に破壊するまで現場に立ち会ったとされています。

(29)アメリカ国内のムスリムの地位向上を目指すNGO。

(30)二〇一五年七月三一日に公開されたウィキリークスの「Target Tokyo」と題する記事（https://wikileaks.org/nsa-japan/）のこと。アメリカ政府が日本の政治家、官僚、大企業の重役などの電話を盗聴していたことが暴露されました。

(31)二〇一五年一月に起きた、ISによる後藤健二氏、湯川遥菜氏人質殺害事件のこと。

(32)脅威・危険性の程度には、現実に差し迫った脅威＞具体的な脅威＞抽象的な脅威＞リスク（狭義）があるとされています。たとえば、今すぐに自宅に飛行機が墜落したり、晴れた日に散歩をしていて雷に打たれて死亡する確率は、ゼロではありませんが極端に低いものです。これがリスクです。現実に差し迫った脅威とは、目の前でテロリストが爆弾を起動させようとしている状況が典型です。具体的な脅威と抽象的な脅威はそれぞれこの中間のどこかに位置付けられます。

両者の違いは具体性です。状況によって異なるため一概には断じられませんが、たとえばテロリスト組織が「来月霞が関で爆弾テロを起こす」と宣言すれば、時間と場所が具体的に特定されていますので、具体的な脅威と評価されると思います。他方で同じ組織が十数カ国をテロ対象国として名指しし、その中に日本が含まれていた場合、少なくとも抽象的な脅威があることは確かですが、具体的な脅威とまでは言えないでしょう。ただし、その前日にニューヨークで実際にテロが起こされており、次はこれらの国のどこかだ、と宣言したという状況であれば具体的な脅威と評価されるかもしれません。また同じ宣言によっても東京と地方では危険の具体性が異なるでしょう。重要なことは、テロの〝リスク〟があることのみを人権制約の理由として認めていては歯止めがなくなるということです。許されるべき人権制約の程度は脅威の具体性を踏まえて個別に検討されなければなりません。

（33）厚生労働省の人口動態統計によると年間で四〇〇〇人前後が浴槽内で溺死《できし》しています。http://www.mhlw.go.jp/toukei/saikin/hw/jinkou/suii09/deth18.html

また浴室内での死亡件数全体に広げると一万五〇〇〇人前後にのぼるとする統計があります。http://www.niph.go.jp/soshiki/09seikatsu/arch/006.pdf

（34）スノーデン氏はスパイ法（Espionage Act）により起訴される可能性が高いといわれています。スパイ法は内部告発者と純粋なスパイを区別していません。情報の提供先がジャーナリストであれ外国の政府であれ同じように罪に問われます。情報提供の動機、明らかになった政府の違法行為の有無・程度、情報の公開によってもたらされた改革や議論といった事情は、有罪か無罪かを判断する際には一切無関係とされます。過去にスパイ法で起訴された内部告発者の裁判を見る限り、裁判所はこれらの事情に関する被告人の証拠請求を却下し、また被告人がこれらの事情を主張する機会も厳しく制限しています。スノーデン氏の裁判においても同様の取り扱いがなされ、自らの行為の正当性については主張すら許されない可能性が高いとされています。

(35)二〇一五年一二月二日にカリフォルニア州サン・ベルナルディーノで起きた銃乱射事件の捜査の一環として、ＦＢＩはアップルに対し犯人が所持していたｉＰｈｏｎｅのセキュリティ・コードを解除するよう求めました。アップルがこれを拒否したところ、ＦＢＩは連邦地方裁判所に対し、アップルに技術的な協力を強制する命令を発令するよう申し立て、これが認められました。アップルがこれに異議を申し立て、グーグルやアマゾンなどのほかのテクノロジー会社や多くの法律家を巻き込み全米を二分する議論が繰り広げられましたが、最終的にＦＢＩが外部の協力者の支援により独力で解除に成功したとして、議論の決着を見ないまま訴えが取り下げられました。

(36)通信経路のすべて（エンドツーエンド）が暗号化された通話アプリ。世界でもトップクラスのセキュリティ・アプリとされています。ｉＰｈｏｎｅとアンドロイドで無料でダウンロードすることができます。

(37)一〇億人以上のアクティブユーザーを誇る世界最大規模のチャットアプリ。Ｓｉｇｎａｌのプロトコルが実装されており、エンドツーエンドの暗号化が保証されています。

(38)それまで認められていた監視手法の一部を禁止するなど、９・11以降初めて監視の権限を制限した法律です。

(39)二〇一六年五月、前司法長官のエリック・ホルダー氏がインタビューに答え、スノーデン氏の行為は、監視技術に関する活発な議論の引き金となるものであり公共的な行為（a public service）であったと発言しました。

（40）ＥＵにおいては、一九九五年に制定された個人情報保護指令（Data Protection Directive）がプライバシー保護の基準とされていましたが、スノーデン・リークを受けてその内容を見直し、二〇一六年四月に新しく一般データ保護規則（General Data Protection Regulation）が制定されました。個人情報の取得、処理、域外の利用に関して詳細な規則が定められました。これはそれまでの指令と異なり、加盟国に一斉に適用されます。

（41）従来のデータ保護指令は原則として、域外に個人情報を提供する際には相手国がＥＵと同等の個人情報保護規制を敷いていることを条件としていましたが、これを厳格に運用すると日常生活にも支障をきたすため、二〇〇一年にＥＵとアメリカ商務省の間で、アメリカはＥＵのデータ保護指令に準じる保護が取られていることを宣言し、登録事業者については例外的に情報の移転を認める旨の協定が施行されました。これが「セーフハーバー協定（Safe Harbour Agreement）」です。ところがスノーデン・リークにより、アメリカの事業者がＮＳＡに膨大な個人情報を提供していることが明るみに出たため、オーストリアの青年が協定はＥＵ基本権憲章（Charter of Fundamental Rights of the European Union）第八条（Protection of personal data）に違反し無効であると主張して提訴しました。二〇一五年一〇月六日、ＥＵ司法裁判所は原告の主張を認めセーフハーバー条項の無効を宣言しました。Maximillian Schrems v. Data Protection Commissioner, Case C-362/14 参照。

（42）二〇一三年一二月一八日、国連総会において"The right to privacy in the digital age"と題す

る決議が採択されました（Resolution 68/167）。概要はこちらに整理されています。http://www.ohchr.org/EN/Issues/DigitalAge/Pages/DigitalAgeIndex.aspx

(43)二〇一五年七月、国連人権理事会は、プライバシーに関する特別報告者を新たに選任しました。特別報告者とは独立の立場から特別な人権課題を調査し報告する専門家です。初代報告者にはジョセフ・ケナタッチ教授が三年の任期で選任され、二〇一六年三月には最初の報告書が提出されました。

(44)NSA内部の監督機関（SID: Signals Intelligence Directorate）が二〇一二年五月三日に取りまとめた資料（http://apps.washingtonpost.com/g/page/national/nsa-report-on-privacy-violations-in-the-first-quarter-of-2012/395/）のこと。スノーデン氏が「ワシントンポスト紙」にリークした文書のひとつ。

(45)二〇一一年四月から二〇一二年三月までの一年間で、二七七六件の違反行為が見つかったと報告されています。その多くはアメリカ国内における許可されていない監視で、中には深刻な違法行為も含まれていたとのことです。
（二〇一三年八月一五日付「ワシントンポスト紙」、"NSA broke privacy rules thousands of times per year, audit finds"）https://www.washingtonpost.com/world/national-security/nsa-broke-privacy-rules-thousands-of-times-per-year-audit-finds/2013/08/15/3310e554-05ca-11e3-a07f-49ddc7417125_story.html

(46)アメリカではテロリストの捜査などに際して関係者を拉致し拷問することがしばしば行われています。ある訴訟の原告の主張によれば、9・11の直後ニューヨークではムスリムまたはアラブ系を手あたり次第、テロと何らかかかわりがないことが明らかになるまで拘束する捜査プログラムが発動され、最終的に七六二人が拘束されたとされています。そして、拘束中には、外界との連絡を遮断された Administrative Maximum Special Housing Unit と呼ばれる独房施設に閉じ込められ、腕を捻《ね》じ曲げられる、手錠を引っ張られる、壁に押し付けられる、二四時間部屋を明るくし数十分おきに看守がドアを蹴飛ばして十分な睡眠を取らせない、入退出の際には常に裸にされて所持品検査をされる、トイレットペーパーや石鹸《せっけん》などを支給しない、宗教を侮辱する、大声で怒鳴りつけるなどの拷問を受けたと報告されています。なお、この中にテロリスト関係者はひとりも認められず、数カ月後に全員釈放されました（Turkmen v. Hasty 事件）。

(47)二〇一〇年、イラク戦争やアフガン戦争の空爆ビデオや軍事資料など、所属していた米軍の機密情報を大量にウィキリークスにリークしました。スパイ法で起訴され禁錮三五年の刑を受けて服役していましたが、二〇一七年一月にオバマ大統領が恩赦を与え、二〇一七年五月には釈放される見通しです。

(48)国務省に勤務し、ベトナム戦争に関する政策立案に携わっていましたが、アメリカの戦争政策に強い疑問を抱き、一九七一年、ペンタゴン・ペーパーズと呼ばれる最高機密文書を「ニューヨークタイムズ紙」などにリークしました。内部告発者のひとりとして、スノーデンの行動を支持し高く評価していると言われています。

(49)ドレーク氏が告発したプログラムは、Trailblazer と ThinThread と呼ばれるもので、インターネット上の情報を大量に収集することを目的とする監視プログラムでした。

(50)査察官なども訳されます。行政内部に所属しながら独立の立場で行政の違法行為を監督する役職です。ドレーク氏はNSAと防衛省のそれぞれの監察官に面会し、違法行為を指摘したとされています。

(51)上院・下院のそれぞれに、NSAやCIAなどのインテリジェンス・コミュニティの監視活動を監督する常設の情報機関監視委員会（正式名称はSelect Committee on Intelligence）が設置されています。メンバーは超党派の議員からなり（上院：共和党八名、民主党七名、下院：共和党一三名、民主党九名。いずれも二〇一七年三月現在）、トップレベルの機密情報にアクセスすることが認められています。

(52)情報機関内部告発者保護法（Intelligence Community Whistleblower Protection Act）などに定められた手続きを遵守していたといわれています。

(53)二〇一五年一一月にアルジャジーラが彼の人生に関する詳細なインタビュー記事を掲載しています。二〇一五年一一月一二日付："NSA whistleblower Thomas Drake: 'I've had to create a whole new life'", http://america.aljazeera.com/watch/shows/america-tonight/articles/2015/11/12/nsa-whistleblower-thomas-drake-protections-espionage.html

(54)偽陽性・誤検知などと訳されます。ここではテロリストではない人を誤ってテロリストと認知してしまうことを指します。なお、対義語はフォルス・ネガティブで、テロリストを誤ってテロリストではないと認知してしまうことです。

(55)たとえば国連人権理事会の任命した「対テロ対策と人権」に関する特別報告者は、マス・サーベイランスについて、テロと無関係な大量の〝容疑者〟を捜査しなければならなくなるため、警察の労力を無駄遣いすることとなり、本来なすべき必要なテロ対策ができなくなると警告しています（マーティン・シェイニー「テロ対策における人権及び基本的人権の促進及び保護に関する特別報告者による報告書」二〇〇七年一月二九日）。
（56）Privacy and Civil Liberties Oversight Board　議会が設立した大統領直轄の組織。外部の法律専門家など五人の委員から構成されます。独立の立場から行政活動の適法性・有効性を検証することを職能としています。
（57）いわゆる愛国者法二一五条に基づく電話の盗聴プログラムに関する報告書。以下のウェブサイトに全文が公開されています。https://www.pclob.gov/library/215-Report_on_the_Telephone_Records_Program.pdf

第二章

信教の自由・プライバシーと監視社会
——テロ対策を改めて考える

写真左から井桁大介、ベン・ワイズナー、マリコ・ヒロセ、宮下紘、青木理

イントロダクション

第二部は四人のパネリストによる討論です。

ベン・ワイズナー氏はACLUに所属する弁護士で、スノーデン氏の法律アドバイザーを務めています。スノーデン氏のインタビューを踏まえて、スノーデン・リークによって明らかになった政府による監視の実態などについて話を伺いました。

マリコ・ヒロセ氏はNYCLU（ニューヨーク自由人権協会：New York Civil Liberties Union）に所属する弁護士で、ニューヨーク市警によるムスリムの監視の差止を求める訴訟の代理人を務めています。監視の実態や訴訟の進捗《しんちょく》などについて語っています。

宮下紘氏は中央大学総合政策学部の准教授で、プライバシーの専門家です。アメリカとベルギーの留学経験に基づいて、各国政府により行われている監視の実態や、その濫用を防ぐための法的な取り組みなどを研究テーマとしています。

青木理氏は、かつて日本警察の公安部門を集中的に取材した経験を持つジャーナリストです。日本の警察組織の構造や思考過程などについて、これまでの取材経験を踏まえた体験談をお話しいただきます。

1 スノーデン・リークが明らかにしたアメリカ政府による監視の全体像

繰り返しになりますが、スノーデン・リークとは、NSAの下請会社の職員であったエドワード・スノーデン氏が、膨大なアメリカ政府の内部資料をジャーナリストにリークし、これを受けて二〇一三年六月からイギリスの「ガーディアン紙」、アメリカの「ワシントンポスト紙」などで始まった一連の調査報道の総称です。アメリカ政府による想像を超える監視捜査の実態が明らかにされました。

とりわけ衝撃を与えたプログラムは以下の三つです。

ひとつ目は、電話のメタデータのバルク・コレクション（bulk collection）と呼ばれるものです。NSAがアメリカの電話会社に命じ、米国と国外間の国際通話のみならず、米国内の国内通話を含むすべての電話のメタデータを、毎日提出させるプログラムです。根拠条文から二一五条プログラムと呼ばれます。収集されるのはメタデータのみで、通信内容は含まれません。

ふたつ目はプリズム（PRISM）と呼ばれるもので、フェイスブック、グーグル、アップルなどアメリカに本社を置く九社のテクノロジー会社に命じ、電子メールやSNSによる通信内容などを秘密裏に提出させるプログラムです。

三つ目はアップストリーム（Upstream）と呼ばれるもので、アメリカ本土につながる海底光ファイバーケーブルなどに捜査官がアクセスし、目当ての通信情報を直接入手するプログラムです。

プリズムとアップストリームのふたつのプログラムは、スノーデン氏もインタビューで触れていたForeign Intelligence Surveillance Act（FISA）という法律の改正法七〇二条に基づいて実施されていたため、合わせて七〇二条プログラムとも呼ばれます。ターゲットがテロに関連しているかどうかは要件とされておらず、また、裁判所から令状を取得する必要もありません。さらに、アメリカ人は対象としない建前となっていましたが、傍受した通信の一方当時者が意図せずにアメリカ人である場合は許される運用となっていたため、ほとんど歯止めなくインターネット上のありとあらゆる情報が収集されていました。ある裁判では、この七〇二条プログラムだけで年間二五〇〇万件以上の通信情報が政府に取得されていたと認められています。(1)

パネルディスカッションの冒頭では、このスノーデン・リークによって明らかとなったアメリカ政府の監視活動に関して、ワイズナー氏にお話しいただきました。

異常に強力な監視技術が誤った者の手に握られるリスク

井桁　はじめにスノーデン・リークの意義について改めてワイズナー氏に伺います。スノーデン氏が明らかにした事実の中で何が一番重要で歴史的なことだったのでしょうか。

ワイズナー　回答に先立ち、このシンポジウムに招待していただいたＪＣＬＵ（公益社団法人自由人権協会）と、会場を提要して下さった東京大学に感謝申し上げます。

さて、スノーデン氏は今回のリークの中心的なメッセージについてわかりやすく話してくれました。最も重要なことは、以前は極めて高価であった監視が、今や大変安価になったことを明らかにしたことだと思います。

監視が高価な時代は監視対象に関する意思決定が必要でした。特定の人物の二週間にわたる居場所をすべて把握するためには日夜の尾行が必要で、大変なコストを掛けて警察官のチームを発足させなければなりませんでした。そのため政府は、十分な理由があると考える場合にのみ監視を行っていました。

しかし現在、監視システムはすべての情報を自動的に収集することができます。スノーデン氏が述べた通り、ポケットに持ち歩く携帯電話が居場所や一緒にいる人などをすべて記録しています。人類史上初めて、人々の日常生活に関する個人情報のすべてを政府が収集し保存することが、技術的にも経済的にも可能になったのです。

このような〝能力〟の存在自体はすでに知られていました。この〝能力〟が、実際に利用可能であるという理由だけで、市民の討議を経ずに複数の政府によって実際に用いられていることをスノーデン氏は明らかにしました。スノーデン氏の最も重要なメッセージは、監視に関するものでなく民主主義に関するものかもしれません。社会における極めて重要な意思決定は、限られた公職者により秘密裏に行われるべきではありません。市民の討議と議論によってなされるべきです。

スノーデン氏は、なぜこの危険性を強調していたのでしょうか。確かに、現在の政府は信用できるかもしれません。個人情報のすべてを保有されても問題ないかもしれません。政権が情報を保有する目的は崇高で有益なものかもしれません。しかし、これら個人情報のすべてが、ドナルド・トランプ大統領に保有されるかもしれないと考えた時、アメリカ人は落ち着いていられるでしょうか。

私はドナルド・トランプが大統領になるとは思いません。しかし、彼が大統領になることもあり得るのだということ、そして異常に強力な監視技術が誤った者の手に握られることにより民主主義が瞬く間に崩壊しかねないことは理解しておかなければなりません。

トランプ氏が、フリーハンドですべての裁判官や連邦議員の電話を聴くことができる事態を想像してみて下さい。彼が、過去五年間にわたるすべての裁判官の居場所や同行者を示すデータベースにアクセスできるとしたらどうでしょうか。このような能力は厳しく制御されなければなりません。さもなければ私たちの自由な社会を極めて危険な状態に陥れてしまいます。

NSAは日本語のメールや電話も傍受している

井桁 日本ではNSAの監視についてどこか対岸の火事のように感じる向きがあります。アメリカでインターネットの監視がされていたといっても、日本語のメールなんてNSAの職員には意味がわからないだろうし、そもそも読まれないだろう、だからあまり気にする必要がないのではないか、と考えてしまいます。

実際にアメリカ政府は日本人同士の日本語のメールや電話であっても傍受していたのでしょうか。本当に内容を読まれていたのでしょうか。

ワイズナー　そうです。それがＮＳＡの仕事です。

アメリカ市民であれば、ＮＳＡによる監視に対して一定の保護が与えられます。アメリカ市民でない場合、何の保護もありません。これは特に異常なことではありません。どの国でも同じです。私は日本法の専門家ではありませんが、もし日本では情報機関が中国人やアメリカ人の情報を収集することを禁止する法律があるとすれば大変な驚きです。(2)

各国で法律上の制限の有無に違いがあるわけではありません。アメリカの特殊性はその能力にあります。インターネットの仕組み上、情報の大部分はアメリカ本土を通り、アメリカ企業を経由するので、アメリカ政府は、日本やほかの国よりもはるかに多くの情報を傍受することができるのです。(3) アメリカ政府の特殊性はこの点だけで、外国人にとってこうした監視に対抗するための法的保護が存在しないことについてはどの国でも同じです。

「すべてを集める」

井桁　アメリカ政府は、具体的にどのくらいの数の個人情報を、どのくらいの頻度で集めていたのでしょうか。

ワイズナー　具体的な数字をここで述べることはできませんが、ＮＳＡがすべての情報を集めることを戦略としていたことは確かです。文字通り"Collect it All"（すべてを集める）を目標とすると記載されている内部資料すらあります。情報の価値を検証するのは「すべて」を収集した後なのです。法律上必要な許可や権限を得ることすら、情報を集めた後に回されていました。いずれにせよ戦略は「すべてを集める」なのです。この戦略に技術的な限界が影響することはあっても、法律や原則や価値観によって枷《かせ》がはめられることはありませんでした。

これはNSAの職員が悪人だからではありません。政府機関の本能に基づくものです。スノーデン氏の話を正確に理解したならば、これがアメリカ政府に特有の問題ではないことがおわかりになるでしょう。これはすべての政府に共通する問題です。アメリカ政府は監視やドローンなどの技術に関して他国よりも数年進んでいることは確かであり、アメリカ政府が今まさに議論している規則の内容は世界中の政府に影響を及ぼすことになると思います。

スノーデン氏が述べた通り、このプログラム自体は難しいものではありません。近い将来、NSAがアメリカ国民に行ったような監視の能力を世界中の政府が持つようになるでしょう。

メタデータは監視タイムマシン

井桁　すべての情報を集めるというとSFのように聞こえます。本当にそんなことがあるのだろうかと思ってしまいなかなか実感が湧きません。具体的にどのような情報が集められていたのか、スノーデン・リークを踏まえて教えていただけますか。

ワイズナー　実際にスローガンの通りに全部の情報を集めていたわけではありません。けれども大量です。本当に大量です。必要十分以上の量です。

ＮＳＡは、世界中のすべての通話の内容を収集し保存しているわけではありません。さすがにデータが大きすぎます。ＮＳＡは、特定の国からのすべての通話を集めています。これらの国の中には、たとえばアフガニスタンやバハマが含まれています。アフガニスタンについては、通話を集める必要性も理解できるかもしれませんが、バハマについてはなぜ集めているのか理解が少々困難です。

いずれにせよ、ＮＳＡはメタデータを集めています。さて、情報機関の職員や警察官に、電話の通話内容とメタデータのどちらの価値が高いか聞いてみたとしましょう。おそらく全員がメタデータと答えるでしょう。特にすべての人に関する情報であればまずメタデータと答えるはずです。

スノーデン氏の話にもあった通り、メタデータとは、電話で話した内容に関する情報ではありません。私たちが会話をしたという事実、通話の日時、通話時間、通話時の場所などがメタデータです。これは私たちの交際関係のすべてです。メタデータは嘘をつきません。メタデータは真実だけを語ります。政府に電話を盗聴されている時、私たちは器用に会話の内容を隠すことができます。メタデータについてはできません。

NSAは会話の内容ではなく、私たちの交際関係のすべてを保存しているのです。これはタイムマシンのようなものです。過去にさかのぼることだけができる〝監視タイムマシン〟。

今は政府から何も疑われていないかもしれません。しかしたとえば二年後に何らかの容疑が持ち上がると、政府はタイムマシンの巻き戻しボタンを押して、二年前、三年前、四年前、五年前に戻り、あなたがその間何をしたかをすべて明らかにすることができるのです。

あなただけではありません。あなたと連絡を取った人もこうした捜査の対象となるかもしれません。このタイムマシンは確かに捜査にとって有用かもしれませんが、だからといって正当化されるわけではありません。たとえば、捜査に有用だとして政府が私たちの寝室すべてにビデオカメラを設置したらどう思いますか。自宅の上に監視用のドローンが常に飛んでいたらどう思いますか。誤解されがちですが電話のメタデータはこれらと同じくらいプライバシーを脅かすものです。すべてのメタデータを保存することで、政府は私たちのすべてを知る能力を得ることになるのです。

2　ムスリムに対する監視

9・11はムスリム過激派組織であるアルカイダによる犯行でした。以降、過激派という枠を超えてムスリム全体をテロリスト予備軍として監視する捜査が進められました。

二〇一一年八月、AP通信の調査報道によって、ニューヨーク市警が9・11以降、ニューヨーク州など三つの州でムスリムに対する監視捜査を実施していることが明らかにされました。テロリストとの関連性やテロを起こす危険性、過激派思想の有無などによる選別は一切なく、ただイスラム教を信仰していることのみが、監視の理由でした。

報道後、ニュージャージー州とニューヨーク州で相次いで、ムスリムやモスクなどが原告となり、ニューヨーク市警などを相手方として監視プログラムの差止などを求める訴訟が提起されました。ニュージャージー州のものはハッサン事件、ニューヨーク州のものはラザ事件と呼ばれています。

ハッサン事件は、一審では原告が敗訴しましたが、連邦控訴審において、イスラム教という宗教のみに着目して実施された監視捜査は憲法に違反する疑いがあるとして、原審に差し戻されました。[4]

ラザ事件は長年の協議を経て、二〇一六年一月、ニューヨーク市警が二度と宗教に着目する監視を行わないことなどを約する、原告の勝訴的な和解条件が公表されました。[5] パネリストのマリコ・ヒロセ氏はこの訴訟の原告側代理人を務めています。

ムスリムに対する監視捜査の実情や問題点などについて話を伺いました。

9・11後のムスリムの監視は第二次世界大戦中の日系アメリカ人の境遇に似ている

井桁　はじめに、アメリカ、特にニューヨーク警察のムスリム監視の手法を教えて下さい。

ヒロセ　シンポジウムに招待していただき、JCLUのみなさまに感謝申し上げます。私はアメリカ自由人権協会（ACLU）のニューヨーク州の支部であるニューヨーク自由人権協会（NYCLU）に所属しています。私がアメリカで取り組んでいる問題についてここにいるみなさんにお話しする機会をいただきうれしく思います。私は日本で育ちまして、日本語の質問を理解することはできますが、専門家としてのキャリアはすべてアメリカで積んでいますので、回答は英語で行わせていただければ幸いです。

二〇一一年のAP通信の報道[6]により、ニューヨーク市警察（NYPD）が9・11テロのすぐ後から、ニューヨーク市や市外のムスリム・コミュニティに対して大規模な監視を行っていることがわかりました。監視は特定の容疑に基づくものではなく、イスラム教徒であることのみを理由とするものでした。このような監視がなされていることに、ムスリム・コミュニティに属する多くの人は報道の前から気付いており、あるいは疑念を抱いていました。

具体的な監視の内容としては、モスクの前に監視カメラを設置する、モスクやムスリムの学生団体への情報提供者・スパイの潜入、ムスリムが多く住むコミュニティの商業活動の把握やマッピング(7)などがあります。

この監視捜査はムスリム・コミュニティに深刻な悪影響をもたらしました。相互不信の大きな種をまいたのです。モスクの来訪者も減少しました。

このような事態が現実に生じているなど想像できない方もいらっしゃると思いますが、この事実を理解することは極めて重要です。そしてこれが不正義であることは容易に理解していただけると思います。

ここで行われていることは、第二次世界大戦の最中にアメリカで日系アメリカ人に起こったことによく似ています。当時、アメリカで生まれアメリカの市民権を有しアメリカで暮らしているアメリカ人が、日本人の先祖を持つというだけの理由で監視の対象となり、一定の地域から退去させられ、自宅を捨てて収容所に出頭するよう求められました。[8]
現在ほとんどのアメリカ人は、当時の措置はアメリカ史上に残る大きな誤りであったと考えているわけですが、今まさに同じことがムスリムに対する監視プログラムにおいて繰り返されているのです。

監視捜査は宗教差別であり、監視の効果はゼロだった

井桁　警察は具体的にどのようにしてムスリム・コミュニティの情報を集めていたのでしょうか。

ヒロセ　警察内部にムスリムのコミュニティを監視する専門の部署が設立されていました。彼らは各地のお店を実際に訪れ、どのような店なのか記録していきます。客や店主はどの国の出身者なのか。どのような話をしているか。

モスクについても同様の手段で情報を集めています。どのような人が訪れているか。どのような話をしているか。説教の内容も記録されています。また協力者のスパイも送り込んでいました。これによってムスリムの人たちは、モスクで話している人が自分と同じような信仰心からモスクに礼拝に来ている人なのか、あるいは捜査官や協力者なのかを区別できなくなりまし

た。

井桁　監視の対象となったムスリム・コミュニティというのはどのようなコミュニティでしょうか。

ヒロセ　ムスリム・コミュニティはいろいろな国の出身者で構成されています。もちろんアメリカ人も含まれています。長年ニューヨークに住む人や、単にモスクの周辺に住んでいたという人も含まれています。

監視の対象はモスクだけでなくムスリムと関連する特定の企業も含まれています。ムスリムによって経営されていたり、ムスリムが頻繁に訪れる商店です。NYPDがこうした商店を体系的にマッピングしていたことが、二〇一一年のAP通信の報道で明らかになりました。

井桁　ムスリム全体を監視する警察の目的は何だったのでしょうか。

ヒロセ　大量監視プログラムの表向きの理由はテロリズム対策です。しかし、監視は何の嫌疑にも基づかずに行われます。監視の対象者は、その信仰以外に対象となるべき理由は何もありません。だからこそ、アメリカ自由人権協会、ニューヨーク自由人権協会、そしてニューヨーク市立大学ロースクールのプロジェクトであるCLEAR（Creating Law Enforcement Accountability & Responsibility）は、このような監視捜査は宗教による差別であり宗教活動への干渉であるとして共同で訴訟を提起したのです。

井桁　監視の結果、実際に犯罪が予防されたり、テロリストが摘発されたといったことはあったのでしょうか。

ヒロセ　ひとつもありません。これらの監視に効果があったとの証拠は政府からひとつも提出されませんでした。

井桁　ムスリムに対する監視のほかに、地元警察が行う監視活動の具体例を教えて下さい。

ヒロセ　警察がマイノリティのコミュニティを監視対象としたことは今回が初めてのことではありません。たとえば、これまで政府に対して不満を持っている政治グループ、黒人、ラテン系のコミュニティに対して監視が行われたことがありました。[9][10]また、ニューヨーク市警はずいぶん前から黒人あるいはラテン系に対して、白人よりも高い比率で犯罪容疑の対象としたり、路上で尋問をしたりしていました。[11]これも監視のひとつです。

このように、マイノリティのコミュニティに影響を与える監視や警察の捜査プログラムは今回が初めてというわけではありません。今回のムスリムに対する監視がこれまでと異なるのは、ワイズナー氏が言及したような新たなテクノロジーの利用です。私たちの個人情報はこうした新しいテクノロジーによって作成されているので、警察が大量の個人情報を収集するのも以前よりもはるかに容易になっているのです。

3　新しい科学技術の利用

近年の監視捜査を検討する際に避けて通れないのが新しい科学技術の利用です。ＳＦの世界で用いられていたような科学技術が現実のものとして利用されるようになっています。犯罪の予防・捜査とプライバシーなどを比較し、どこまでの科学技術の利用を許すべきか、またどのように許すべきかを個別に議論するべき時代が到来しています。

アメリカの捜査機関は新しい科学技術の利用を、日本よりも比較的広く公開しています。アメリカで用いられている科学技術が日本で用いられていないと考える理由はなく、日本の警察も秘密裏に利用している、あるいは今後利用する可能性があると考えるべきです。

携帯電話の基地局を装い情報を傍受するスティングレイ

井桁　監視に使われている技術について、具体例を教えて下さい。

ヒロセ　私たちが取り組んでいる問題のひとつに、「スティングレイ」と呼ばれる携帯電話監視機器があります。軍事用に開発された強力な装置ですが、全米で各警察が秘密裏に使用するようになっています。軍事用の強力な監視装置を、日常的な捜査活動に用いることが適切なのか、なんら議論されておらず、大きな問題です。

井桁　スティングレイはどのようにして個人情報を集めるのですか？

ヒロセ　モデルによってさまざまな使い方があるのですが、携帯電話の基地局を装うというのが代表的な利用方法です。たとえば、ＮＴＴドコモの基地局と同じ電波を発信すると、みなさんがお持ちのＮＴＴドコモの携帯電話は正規の基地局と勘違いしてすべての情報を渡してしまうわけです。

一般的なモデルのスティングレイは携帯電話の動きを追跡するために用いられます。携帯電話の識別子を入力することで携帯電話が特定される仕組みとなっています。[12]

より進化したモデルは、メールの送り先やさらには電話やメールの内容などをも傍受することができます。

4　日本におけるムスリムに対する監視の概要

　以下では日本におけるムスリムに対する監視の概要について、流出資料、すなわち二〇一〇年の一〇月末にインターネット上に流出した警察庁外事第三課などの捜査資料をもとにお話をいただきます。流出資料には日本に住む多数のイスラム教徒の方々の繊細な個人情報が大量に含まれていました。警察は一応の謝罪はしたものの、資料が警察の資料であることは認めず、被害者への賠償もなされませんでした。被害者たちは国と東京都（警視庁）を相手取って裁判を起こし、最高裁まで争われ、裁判所は流出した資料が公安警察の資料であることを認定し、情報流出に対する損害賠償を認めましたが、監視捜査は合憲だと判断しました。捜査情報がインターネット上に漏洩《ろうえい》した経緯や、犯人などはいまだに特定されていません。

冷戦終結後、9・11で新たなターゲットになったムスリム

井桁　続いて日本のムスリム監視の話を青木理氏に伺います。日本ではムスリムに対してどのような監視が行われてきたのでしょうか。

青木　まずはアメリカとの違いを説明しなくてはなりません。日本は戦後、CIAやNSAに類する専門の情報機関を持たない状態をずっと維持してきました。これは主に戦前戦中の反省[13]などによるものでしょう。その代わり、警察組織の一部門である警備公安警察が、警察組織としてはアメリカのニューヨーク市警やFBIのような機能も持ちつつ、事実上の情報機関としてテロ情報を収集しています。

井桁　日本の警察庁は、NSA、CIA、FBI、地元警察の機能をすべて兼ね備えているということですか。

青木　そこまで強大な機能を兼ね備えているかどうかは別として、たとえばCIAのような国外の情報機関と情報交換などをする際の日本側の窓口は主に公安警察、具体的には警察庁警備局や公安警察出身の官僚が配された組織になります。

　また、内閣情報調査室や防衛省の情報機関にも警察官僚が出向しています。最近は防衛省の情報機関も力を強めていますが、基本的には警察、特に警備公安部門の警察組織が日本における〝インテリジェンス・コミュニティ〟なるものの中枢にいるというのが現状です。

井桁　流出資料によって明らかになったムスリムに対する監視は、警察庁と地元警察のどちらが担当していたのでしょうか。それとも、両者が協力してやっていたというべきでしょうか。

青木　一義的には首都警察である警視庁ですが、もちろん警察庁の意向を受けています。このあたり、非常にわかりにくいので、ごく簡単な解説が必要だと思います。

戦前戦中の警察組織は内務省を頂点とする中央集権的な組織でしたが、戦後はGHQの意向などを受けて自治体警察として再出発したわけです。現在でも、首都である東京には警視庁が置かれ、ほかの道府県の警察本部は一応、それぞれ独立した組織になっています。

しかし、この自治体警察制度は徐々に骨抜きにされ、中央省庁として設置された警察庁が人事や予算などの権限を握ることで、実態としては頂点に君臨する警察庁が各都道府県警察を統制するピラミッド型の警察組織ができ上がりました。なかでも警備公安部門は中央集権的な色彩が一層濃いのが特色です。

警備公安警察の歴史も簡単に解説すると、これも敗戦と同時に思想統制的な特高警察などは撤廃されましたが、共産主義や左翼運動の監視を目的として息を吹き返し、徐々に巨大化していきました。つまり、戦後日本の警備公安警察は長きにわたって「反共」こそが最大のレーゾンデートル（存在意義）だったわけです。共産党や各種の左翼運動の監視、取り締まりこそが警備公安警察の仕事だった。

しかし、冷戦体制が終わり、警備公安警察も目的喪失、存在意義喪失の状態に陥り、徐々に人員が減らされる局面に入っていたわけです。そういう中で起きたのが9・11でした。日本の警察でも、特に警備公安警察では、これは組織の存在意義を示す格好のテーマができたということで、日本でもイスラム原理主義者によるテロが起きるかもしれないという大義名分を掲げて「国際テロ対策」部門を充実させ始めた。特に首都警察である警視庁の公安部には、9・11が発生した翌年、新たに「外事三課」という組織が作られ、ムスリムを監視するということを始めたのです。

以降、外事三課は主に都内に住むムスリムの方々を徹底的に監視し、その資料がネット上に大量流出してしまったわけです。

流出資料で見る警備公安警察の監視の実態

井桁　具体的にどのような監視をしていたのでしょうか。

青木　はい。その前に、ひとつお断りしておかなくてはならないことがあります。先ほどご紹介していただいたように、私はかつて通信社の記者として警備公安警察を集中的に取材しました。ちょうどオウム真理教事件が発生した頃のことで、それからしばらくして日本の公安警察の内情を明らかにする本を書きました（『日本の公安警察』講談社現代新書、二〇〇〇年）。それが大きな原因となって警備公安警察からはパージされ、以後は警備公安警察の実態というものをディープに取材はしていません。したがってこの十数年ほど、特にスマホやGPSといった、いわゆるデジタルデバイスが登場してからの警備公安警察の活動実態というものを私はつぶさに把握していません。その前提の下で申し上げることをご承知おき下さい。

まず、警備公安警察の情報収集の手法にはさまざまありますが、対象組織の拠点の監視や尾行はその代表的なものです。たとえば、ムスリムの監視ではモスクの前のアパートやマンションを借り上げてカメラを設置し、出入りする人々を二四時間態勢で監視をする。また、それらの人々を尾行し、立ち寄り先や交友関係を調べ上げる。

そうした人物をさらに尾行したり、警察の持つ各種公権力なども使ってさまざまなプライバシー情報などをかき集めたりするわけです。彼らに言わせれば、そうした情報収集によって点が線になり、面になっていく。そのような監視活動の一端を、インターネット上に流出した外事三課の内部資料から窺《うかが》い見ることができます（資料1）。

また資料2からは、都内に住むムスリムの男性のプライバシー情報を外事三課がかき集めていたことが浮かび上がります。氏名、住所、生年月日といった基礎的データはもちろん、家族関係、その生年月日や勤務先、旅券番号、出入国歴、モスクへの立ち入り状況から身体的な特

外事三課内部資料1：実態把握強化推進上の要点

取扱注意

平成19年9月10日
平成20年7月9日まで保存

実態把握強化推進上の要点

1　実態把握の対象

イスラム諸国会議機構（OIC）の国籍を有する者及びその他の国籍を有するムスリム。

※　ムスリムとはイスラム教徒をいう。OIC 加盟国 56 か国 1 地域の国籍を有する者の把握を最重点として、把握した場合は全て公安係に報告すること。その他の国籍を有するムスリムとは、OIC 加盟国以外の国籍を有する者で、言動、服装等からムスリムと認められる者。

なお、ムスリムか否かの判別が困難な場合は、活動報告書等により公安係に報告し、判断を任せること。

2　報告要領

(1)　必要事項

① 国籍

※ 中国は「新疆ウイグル自治区」、フィリピンは「ミンダナオ島」、タイは「ヤラー県」、「ナラーティワート県」、「パッターニ県」出身者に限定します。

② 氏名

③ 生年月日

④ 住所（管内の新規対象国人等は、必ず居住確認の有無を記載すること）

⑤ 報告者の係、官職、氏名、職番、入手の端緒（巡連、職質、交通取締りなど）

(2)　報告先

上記必要事項を活動報告書又は各署で定められた書式に簡記し、公安係に報告。

なお、活動報告書の件名は「実態把握について」とすること。

3　巡回連絡推進上の具体的着眼点

(1)　安価なアパートに的を絞る

対象の8割以上が、集合住宅（寮を含む。）に居住している。民族的特性等の理由から、短期間での転居を繰り返す傾向があるので、巡回連絡カードが提出されていても必ず人定を確認すること。

(2)　稼働先に対する巡回連絡

ア　外国人を雇用している企業・会社

外国人を雇用または研修生として受け入れる企業等では、外国人が頻繁に入れ替わることが多いので、定期的に訪問すること。また、企業が賃貸物件を外国人の社員寮としている場合もあるので、社員寮の有無に関しても漏れなく聴取する。

イ　イスラム諸国出身者が経営する店舗

イスラム諸国出身者は、中古車業者、貿易会社、絨毯業者、レストラン等を経営し、同国出身の従業員を稼働させていることが多い。また、同国人の一時滞在場所となっている場合もあるので、既把握の店舗であっても、まめに立ち寄り、補充カードの作成（補正）を依頼すること。

なお、カレー店や居酒屋チェーン店などの飲食店においてイスラム諸国出身者の稼働を数多く確認していることから、漏らさず巡回連絡を実施すること。

ウ　社員寮（町工場、土建会社、新聞店等）

必ずしも社長や所長との面接にこだわることなく、実際に社員等の管理を担当している者と面接し、補充カードの作成を依頼すること。また、防犯指導を兼ねて、可能であれば定期的に訪問すること。

(3)　学生寮等に対する巡回連絡

個人情報保護を理由に、学生寮や学生会館等に対する巡回連絡を拒否された場合は公安係に報告し指示を仰ぐこと。また、居住者の入れ替えが頻繁であることから、定期的に実施すること。

4　巡回連絡推進上の留意点

(1)　宗教に関する言動は慎む。

(2)　外国人の狙い撃ちと思われないよう、言動や手法には留意する。特に警ら中、外国人だという理由だけで、声かけ、職務質問を行い、人定事項を確認することのないように注意する。

(3)　昼間帯は不在が多いので、幹部承認の元で、夜間・休日に重点的に実施する。

(4)　名義や表記は日本人配偶者になっているケースもあるのでよく確認する。

外事三課内部資料2：容疑解明対象者個人台帳

分類		No.	
国籍(本籍)	[redacted]	出生地	[redacted]
フリガナ 氏名	[redacted]	男（○） 女	生年月日　(年齢) [redacted]
現住所	[redacted]		
勤務先(住所)	[redacted]		
使用車両	[redacted]		
容疑	[redacted]		
	[redacted]	原票写真(H16年8月)	
対応状況及び方針	[redacted]		

家族交友関係

関係	フリガナ 氏名	生年月日 (年齢)	勤務先	住所(同・別) 別の場合は住所
[redacted]				○同 別
				○同 別
				○同 別
				○同 別
				同 別
				同 別
				同 別

現場写真(H　年　月)

入国在留関係

上陸年月日	[redacted]	旅券番号	[redacted]
旅券発行年月日	[redacted]		
在留資格	[redacted]	本国住所	[redacted]
在留期間(在留資格)	登録年月日	登録市区町村	登録番号
[redacted]			

住所歴・学歴・職歴

期間	住所歴	期間	通学・勤務先歴(住所)
[redacted]			

免許関係	免許種別		取得年月日		免許番号		
犯罪情報	検挙年月日		罪名		検挙署		処分結果
所属団体			地位・役職・役割等				
モスクへの出入状況	[redacted]						
立ち寄り徘徊先							
行動パターン概要							

身体特徴	
身長	175cm位
体格	痩せ型
髪	黒色短髪
ひげ	あご髭
眼鏡	

作成　H20年11月7日

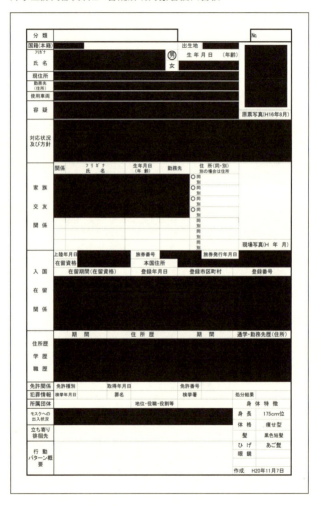

外事三課内部資料3：イスラムコミュニティー現勢

徴に至るまで、ありとあらゆる情報を蓄積していて、こうした人物データは流出したものだけでも膨大な量にのぼります。

続いて資料3は、都内にあるモスクの場所や代表者などを一覧表にまとめたものです。これを見ると、モスクの設立年月日といった基礎的データのほか、モスクに出入りしている人々の特徴、国籍、礼拝への参加者数、さらにはモスクの銀行口座までが記載されていて、違法に近い手段も駆使してモスクを日常的に徹底監視していることが浮かびあがります。

次の資料が「要警戒対象視察結果報告」、いわゆる尾行に関する記録です（資料4）。外事三課が「要警戒」と一方的に見定めたムスリムをどのように追いかけまわしていたかがわかりま

外事三課内部資料4：要警戒対象視察結果報告

要警戒対象視察結果報告（6月23日分）

都道府県名（ 警 視 庁 ）

[redacted]（ﾚﾊﾞﾉﾝ共和国）
【選定理由】 ｲｽﾗﾑ教ｼｰｱ派武装組織ﾋｽﾞﾎﾞﾗとｲｽﾗｴﾙとの報復ﾃﾛ情勢に伴いｲｽﾗｴﾙ権益をﾀｰｹﾞｯﾄとするﾃﾛ事件の敢行が懸念されることから警察庁下命による管下各署に「ﾚﾊﾞﾉﾝ国籍を有する者の抽出、所在確認」を実施したことによる。～不審情報として、練馬署、埼玉県警から入手～

時　間	視　察　結　果	特　異　動　向
6/22(日)		
１７：３０	(対)帰宅	
6/23(月)		
８：００	視察開始	
８：０５	(対)の居室カーテンが半分開いている(消灯中)。	
１３：０３	(対)の居室点灯を確認	
１３：５１	(対) 徒歩にて外出（服装：白色半袖シャツ・Ｇパン）	
１３：５７	埼玉病院北口前バス停から成増駅南口行バスに乗車	
１４：０３	国道２５４号沿いの成増駅入口バス停で下車	
１４：０４	セブンイレブンに入 （所在地：板橋区成増[redacted]）	（※） 店員にセロテープを借り、(対)が所持していた英文書類に 自身の顔写真を貼付する。 （履歴書様のもの）
１４：０６	セブンイレブンから出	
１４：０７	地下鉄成増駅入り（有楽町線）	
１４：１３	地下鉄成増駅から各駅停車 新木場行き乗車	
１４：２３	小竹向原駅下車（西武池袋線乗換）	
１４：３１	西武池袋線 練馬駅下車	
１４：３５	練馬駅から六本木方向乗車（大江戸線乗換）	
１５：０４	大江戸線 六本木駅下車	
１５：１５	[redacted]ビル２Ｆ入り （所在地：港区六本木[redacted]） 同ビル２Ｆ店舗 ○レストラン「[redacted]」 ○イタリアンカフェ のいずれかの店舗に入店したと思料される。	
１５：３８	[redacted]ビル出・六本木駅方向へ徒歩にて進行	

す。たとえば、ここにあるように、朝八時から「マルタイ＝要警戒対象」の「視察」を開始し、居室のカーテンがどうなっているか、電灯はどうか、そして外出すると終日、すべての行動を尾行した結果が記録されます。セブン－イレブンに入って何を買い物したかとか、飲食店で誰と接触したかといったことまで事細かに報告され、「マルタイ」と接触した人物が何者かもやはり徹底的に調べ上げる。必要があれば、接触者にも二四時間体制の尾行がついていることがうかがわれます。

これらはいずれも日本の公安警察組織が左翼勢力を監視する際に使っていた手段であり、それらを駆使してムスリムたちを徹底的に監視しているわけです。

5　ヨーロッパにおける監視捜査の状況

個人情報の収集に関してヨーロッパとアメリカでは基礎となる考え方が異なります。それはプライバシー権が発展してきた歴史が異なるためです。アメリカのプライバシーはアメリカ合衆国憲法修正四条とともに発展してきました。修正四条は日本国憲法三五条と類似した条文で、主に住居の不可侵をうたったものです。無限定な捜索や差押を禁止し、特定の容疑と結び付いた令状に基づく捜査を原則としています。

そして判例法の発展とともに、住居などの閉鎖的な空間でなくとも、プライバシーの合理的な期待が及ぶ状況であれば、修正四条の理念が適用されるとして、通信の秘密などに厳格な保護が及ぶようになっていきます。

他方、ヨーロッパでは主にナチス・ドイツのホロコーストに対する反省が基礎とされています。ナチスはひとりひとりの個人情報を収集し、分析することでユダヤ人かどうかの選別を行いました。国家権力が市民の個人情報を収集し、それが濫用された場合に最悪の結末が訪れるという強烈な体験が土台にあります。そのため、EUでは国家が個人情報を収集すること自体を厳格に制限しています。

このように国家による監視、個人情報の収集という現象に関して、ヨーロッパとアメリカでは状況が異なることを前提に宮下氏の説明を伺います。

ナチスのユダヤ人大量虐殺を可能にしたものは何か

井桁　これまでのお話を踏まえて世界全体の監視の実情についてお話しいただけますか。

宮下　二〇一三年六月七日、スノーデン事件の直後ですけれども、オバマ大統領（当時）が次のような演説をしました。「一〇〇パーセントの安全と一〇〇パーセントのプライバシーを何の苦労もなく持つことはできないと認識することが重要である」[14]。

みなさんがこの国を守らなければならない、そのような立場に立てばやはりテロ対策なり情報収集は必要となります。同時にテロと何の関係もない一般市民のプライバシー情報を無断で収集することもやはり許されないことです。

昨年（二〇一五年）靖國《やすくに》神社のとある公衆トイレで爆破事件が起きました。公衆トイレは危ない場所であるとして、全国の公衆トイレに監視カメラをつけるとしたら賛成するでしょうか。このように、いくら監視をしてもテロを防げるかどうかはわからない。他方で監視をすればプライバシーの侵害が起こってしまう。このことを議論の出発点としなければなりません。

先月（二〇一六年五月）までベルギーのブリュッセル自由大学で研究をしておりました。テロの後、ＥＵ諸国でどのような対策が練られているのでしょうか。ＥＵの各国首脳が集まるＥＵ本部では、「イスラム教徒はテロリストではない」というメッセージを発信しております。ごくごく当たり前のメッセージです。しかし、このごくごく当たり前のことが共有できていないというのが、監視の現状なわけです。

私はポーランドのワルシャワに国際会議で行ったことがあります。その際、ポーランドのア

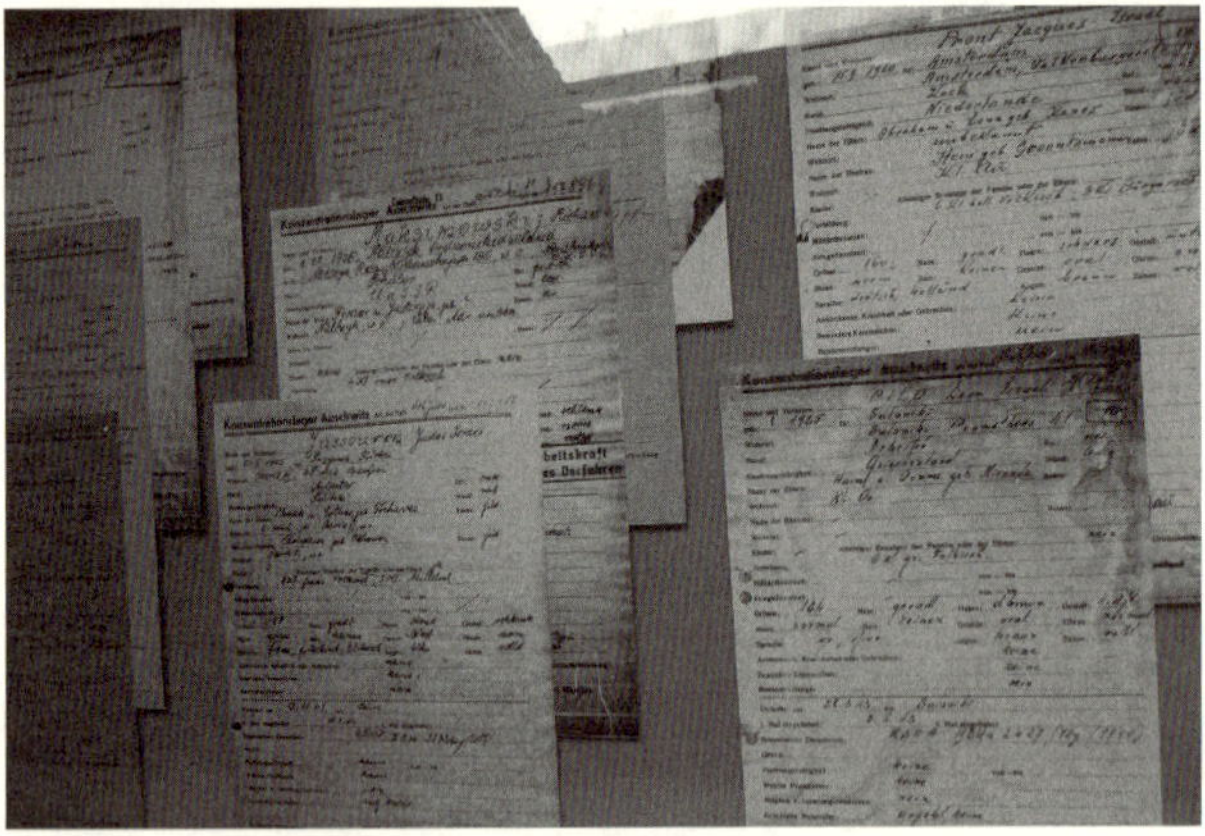

アウシュビッツ収容所で管理されていた個人情報ファイルには、身長や体重のほか、目・肌・髪の色などの身体的特徴も記録されていました。写真提供：宮下紘

ウシュビッツ収容所に行きました。広島よりも長崎よりも小さいこの場所で、一〇〇万人が殺害されました。七五年前の話です。携帯電話もパソコンもなかった時代、なぜ一〇〇万人もの人をここに集めることができたのでしょうか。それはナチスの監視によるものです。どのような監視をナチスは行ってきたのでしょうか。

　そうです、個人情報の収集です。ナチスがやったのは、ヨーロッパ全土を逃げ回るユダヤ人の個人情報を収集して、目の色、肌の色、髪の色、話す言語などの個人情報を、八〇項目に分類してパンチカードを使ってひとつひとつの項目に穴を開けて管理することでした。ＩＢＭのパンチカードです。[15] このような形でユダヤ人一〇〇万人が集められて、そして殺されました。

こうした監視という事態が、今現在スマートフォンによって同じように起きているのです。この手口はナチスの手口と非常によく似ていると思います。

こちらにいらっしゃるみなさんは、テロリストではないので私には関係ないと思うかもしれません。ところがそれは大きな間違いです。先ほどスノーデン氏も言いましたが、この問題はみなさんの日々の生活にも影響する事柄です。(16)

オーストリアの青年の訴えがセーフハーバー協定を無効にした

宮下　昨年二〇一五年一〇月六日、ＥＵ司法裁判所は、ＥＵとアメリカの間で締結されていたセーフハーバー協定（EU-US Safe Harbour Decision）を無効とする判決を下しました。この判決は、スノーデン・リークに基づき、二八歳のマックス・シュレムスというオーストリア人が使っていたフェイスブックをＮＳＡが監視対象にしていたことが端緒となりました。(17) そうした安全でないＳＮＳにより、アメリカとＥＵの間でデータ移転することはできない、ヨーロッパのユーザーデータをアメリカに移転することはできない、として協定を無効にしたわけです。これに伴いアメリカの四五〇〇社のグローバル企業はデータを移転することができなくなりました。

すなわち、ナショナル・セキュリティにおける監視の問題は、テロリストだけをターゲットにしていると思われがちですが実は違います。ここにいるみなさんひとりひとりがお使いのグーグルやヤフー、そしてフェイスブックといったSNSにも影響する問題なのです。

スノーデン氏は、EU司法裁判所で勝訴した原告のマックス・シュレムスに対して「おめでとう、あなたは世界を変えたね」とメッセージを送っております。

井桁　SNSや我々が普段使っている便利なテクノロジーがそのまま監視のツールになりかねないという点が、現代型の監視の特徴ということですね。

6　NSAの監視は違憲なのか

ここからは、各国で実施される監視捜査の適法性を中心に議論します。初めのテーマはスノーデン・リークによって明らかとなったNSAによる監視捜査の違憲性の問題です。光ファイバーケーブルに直接アクセスをしたり、インターネットサービス会社に提出を命ずるなどして利用者の通信情報を大量に集めることが、アメリカ合衆国の憲法に違反しないのかという問題です。

アメリカ合衆国の監視がアメリカ合衆国の憲法に違反しないのかというある意味ローカルなテーマですが、アメリカに本社を置くインターネットサービス会社は世界中にユーザーがいるため、アメリカ政府による監視は世界中の市民に影響を及ぼします。また最先端のテクノロジーを用いた監視捜査が、自由主義国の代表であるアメリカの司法でどのように議論されるのかという点で、今後の監視捜査の在り方を占う問題であることは間違いありません。

スノーデン・リークが監視プログラムの違憲性を問うことを可能にした

井桁　これまでお話しいただいた監視の実態を前提として、市民社会はどのように監視のリスクをコントロールしていくべきかという点についてお話しいただきます。

まずワイズナー氏に伺います。スノーデン氏が明らかにしたアメリカ政府による監視はアメリカの憲法には反しないのでしょうか。NSAによる監視はアメリカの憲法に違反する無効なものだと断言することはできるのでしょうか。

ワイズナー　その質問に答える前に、これまでのほかのパネリストの発言を踏まえてコメントさせて下さい。ほとんどの監視技術は戦争のために開発されました。深刻な危機が存在し、これに対応するために監視システムが作られるわけです。他方で、監視システムが存在するから危機を演出するということもあります。危機が去った後にも大規模なシステムの存在を正当化するために、新たな危機を生み出すわけです。ムスリムの監視に関して日本で行われていることはこのようなことかもしれません。テロを防止するという目的のために監視が始まり、その後、監視を継続するために正当化を必要とするわけです。

さて、ご質問に対する答えですが、私は違憲だと思います。そしてより重要なことは、ついに裁判所をこの問題に向き合わせることに成功したことです。スノーデン以前は証拠の不在が最大の障壁となり、裁判所に監視の違憲性について判断を求めると、裁判所は「帰りなさい。あなたが主張する監視があなたに影響を与えているという証拠がないので、あなたにはその裁判を提起する権利がありません」と門前払いにされていたのです[18]。

監視プログラムの存在が国民に知らされないまま行われていたために、訴えが退けられるという不当な状況でした。スノーデン氏が証拠を提供してくれたため、政府官僚ではなく裁判官にプログラムの違憲性を判断してもらうことができるようになりました。

私たちは、政府が監視を行うには正当な理由が必要だと考えています。監視は正当な事由に基づき行われるべきです。政府の監視プログラムの問題は、スノーデン氏が教えてくれたように、後に役立つかもしれないという理由であらゆる情報を収集していることです。これは違憲であると私たちは考えていますが、裁判所ではこの点が争われるでしょう[19]。

テロの危険は、諜報機関という装置が自らの存在を正当化するための「燃料」

青木　ワイズナー氏に質問があります。アメリカには強大な情報機関が複数存在し、ＮＳＡという組織自体も以前からあったわけですね。その活動が９・11以前と９・11以後ではまったく変わってしまったのでしょうか。９・11の発生以後、予算や権限を増やしたことによって活動内容が化物のように肥大化してしまったと考えるべきなのでしょうか。

ワイズナー　９・11後、大きな変化がありました。ＮＳＡは外国に対する諜報機関として設立され、その技術を本国においてアメリカ人に対して利用することはできないと考えられていました。しかし一九七〇年代、ＮＳＡやＣＩＡ、ＦＢＩが、国内で大規模な監視活動を行っていたことが発覚しました。市民権運動のリーダー、女性運動、黒人の学生団体、反戦活動家などが対象でした。これは大スキャンダルとなりました[20]。その結果、ＮＳＡがアメリカ国内で監視を行うことは、法律で厳しく制限されました。

アメリカ国外での監視[21]について言えば、ＮＳＡはこれまでも長きにわたって、あらゆる情報を収集してきました。その理由はテロリズムではありませんでした。長期にわたり正当化事由は冷戦といういわば外部の脅威でした。照準を定めた核兵器が世界中に配備されているという事態が例外的な監視権限を正当化していたのです。冷戦後9・11が起こると、突然、テロ対策が巨大な予算のための新たな正当化事由となりました。[22] 確かに脅威が存在しないわけではありません。しかしスノーデン氏が指摘する通り、テロリストによって殺される確率よりバスタブで溺《おぼ》れる確率の方が高いのです。テロの脅威は、政府が毎年八〇〇億ドルを費やして対策すべきほどの脅威なのか、改めて考えるべきです。

情報当局にとってはテロの危険は大きければ大きいほど良いわけですが、私はこれを〝脅威という燃料〟と呼んでいます。諜報機関という装置が自らの存在を正当化するために必要とする燃料です。

7　アメリカにおける政府の監視をコントロールする仕組み

アメリカ政府が実施してきたテロ対策としての監視は、膨大な個人情報を集めること自体が自己目的化した問題の多いものであることが語られてきました。他方で、オバマ大統領の説明にもある通り、監視が常に許されないわけではありません。国家の安全を守るため、監視技術が有用に働く場合があることは否定できません。重要なことは、劇薬である監視技術をいかに適正に用いるか、そのコントロールの方法です。

スノーデンは法律を破ることで民主的な監視の監督制度を再活性化した

井桁　アメリカでは、プライバシーなどの人権と監視による安全のバランスを取るためにどのようなシステムを導入しているのでしょうか。法律や裁判所の監督、議会における監視システムなどいろいろとあると思いますが、まず、地元警察の監視を監督するシステムについてマリコ・ヒロセ氏に伺い、その後に連邦政府についてワイズナー氏に伺います。

ヒロセ　前提として、監視と日常的な法執行は異なることを意識する必要があります。地元警察の主な活動は発生した犯罪を解決することです。犯罪を捜査し、検察官に事件を送致し、最終的に事件が裁判所で審理されるという一連のシステムに基づくものです。うまく機能しないこともありますが、少なくともこの確立したシステムが警察に対する監督としても機能しています。

監視はまったく異なります。警察が解決すべき犯罪は発生していません。監視プログラムに終わりはないわけです[23]。そのため、地元警察が行う監視プログラムに関しては、監督のメカニズムに大きな問題が生じています。日常の法執行のためのシステムが、監視のメカニズムの文脈では必ずしもうまく機能しないからです。

ワイズナー　アメリカには連邦政府の諜報機関を監督するメカニズムがあります。議会には独立委員会（PCLOB）が存在し、NSAとCIAを監督しています[24]。また、法執行目的ではなく海外における諜報活動のための監視を承認することのみを職務とする諜報監視裁判所（Foreign Intelligence Surveillance Court）という特別裁判所も存在します。

スノーデン氏は、これらのメカニズムがまったく機能していないことを教えてくれました。一九七〇年代に、当時発生した先ほど述べたような問題の解決策としてこれらのメカニズムが創設されたのですが、四〇年後の現在、このメカニズムがむしろ足かせとなってしまっています。これらのメカニズムには期待できません。今必要なことは、NSAの活動について市民が十分に理解することです。

例を挙げさせて下さい。二〇一三年、スノーデン・リークの直後、オバマ大統領は「心配ない。NSAの活動は、三権、すなわち行政府、議会、裁判所のすべてによって承認されています」と述べました[25]。確かにその通りです。そしてそれこそが問題なわけです[26]。人々の間で議論が深まると三権のいずれもが立場を変えました。大統領は、これらのプログラムの一部は不要かもしれないと言い出しました。裁判所は、これらのプログラムの一部は違法かもしれないと言いました。議会は、諜報監視活動を制限するための法案を通過させました。政府の監視権限が制限されるのは一九七八年に監視権限が認められて以来初めてのことです。皮肉なことに、スノーデン氏は法律を破ることで、三権それぞれに本来の仕事に取り掛からせて、民主的な監督制度を再活性化したのです。

スノーデン以前、諜報監視裁判所のチェック体制は機能していなかった

井桁　ワイズナー氏のお話は、三つの国家機関がそれぞれ監督に失敗しており、そのことがスノーデン・リークによって暴かれたという話だと思います。具体的にどのように失敗をしていて、それがどのように暴かれて今修復をされつつあるのか、宮下先生に補足いただければと思います。

宮下　私は、二〇一二年から二〇一三年にかけてアメリカのボストンにおりまして、私が帰国した直後にボストンマラソンのテロ事件がございました。アメリカにおける監視活動のチェック機能を見てきましたけれども、アメリカにおいては先ほどお話がありましたように、一般には司法がまず大きな役割を果たしていると思います。ところが残念なことに、諜報監視裁判所

ではチェック体制がほとんど機能しておりませんでした。令状がくれば右から左にそれを許可していたのです。アメリカ司法省の統計では、二〇一二年に一七八九件の電子監視の令状請求が来たものの、一件だけしか却下しなかったというような調査結果もございます。(27)

また、先ほどスノーデン氏も指摘したPクラブ（編集部註：PCLOBのこと）という独立監視機関がありますが、これは大統領に直接進言できる機関です。ところが、この機関も監視プログラムがここまで大規模になされていたことを事前に知らされておらず、結局事後的な報告書を提出したにとどまるという状況でした。

外国人を対象とした監視プログラムはいまだに続いている

井桁　スノーデン・リーク以後は少しずつ改善されつつあるという話がありました。どのように改善されつつあるのでしょうか。

宮下　第一に、二一五条プログラム、すなわちアメリカ国民を対象とした電話のメタデータ収集プログラムについては、二〇一五年六月に成立したフリーダムアクトという法律（編集部註：アメリカ自由法のこと）により停止になったということを先ほどワイズナー氏にも確認しました。

ただ一方で、私たち日本人が気を付けねばならないのは、七〇二条プログラム、これは外国人を対象とした別のプログラムなのですが、こちらはいまだに続いているということです[28]。だからこそ、ＥＵではセーフハーバー決定の無効判決という厳しい形で、外国人を監視の対象とするプログラムを止めるというような判決を出したという経緯があります。日本では残念ながら、立法府、司法府のいずれにおいても、日本人も対象となっているこのアメリカの監視プログラムについての活発な議論や審理がこれまでなされていません[29]。

自由な社会がこれまでに生み出した唯一の有用な解決策は、独立のメディア

井桁　今まさに、アメリカ政府においても改善の途上だとは思いますが、ワイズナー氏から、監督のためのシステムのあるべき姿、あるいは重要な視点についてお話しいただければと思います。

ワイズナー　これは民主主義における難問です。正当な秘密というものが存在することを前提とし、他方で民主主義においては重要な決定は市民のインフォームド・コンセントに基づいて行わなければならないとすると、衝突が生じます。たとえば戦争は、政府が秘密とすることに確固たる理由がある一方、市民の名の下に政府が何をしているかについて市民が知らなければならないことの最たるものです。

自由な社会がこれまでに生み出した唯一の有用な解決策は、独立したメディアです。自由な社会であれ権威主義的な社会であれ、政府は自らに都合の悪い情報を隠蔽する傾向があります。情報を公開すると困ったことになったり、説明責任を問われたりするので、情報を隠す傾向にあるのです。これは官僚が悪者だからというわけではありません。それが人間の性《さが》です。

ここにこそメディアの役割があります。政府による情報の管理に対抗し、適切な形で情報を市民に伝えるという役割です。スノーデン氏が述べていた通り、すべてを公開すればよいということではありません。彼は、日本に関するいくつかの質問に答えませんでした。それはメディアの仕事だからです。メディアは何が公益に資するかに関する専門家です。政府の利益と市民の知る権利のバランスを図るのに最も適した人たちです。

もちろん国家の統治機関も必要です。より効果的な議会、より効果的な司法も必要です。それはもちろんですが、しかし強力で独立したメディアがなければこれらの組織は効果的に活動できないでしょう。

8　メディアの役割

フェイクニュース（偽ニュース）やオルタナティブ・ファクトという言葉が世間をにぎわせています。日本では「マスゴミ」や「御用メディア」といった批判も聞かれます。しかし、ワイズナー氏が述べる通り強力で独立したメディアは政府の監視を監督するために不可欠です。日本のメディアの現状を青木理氏に伺います。

公安警察が権限を拡大させる一方、日本の市民社会、メディアの警戒感は非常に薄い

井桁　日本において、メディアは警察の監視捜査を監督する役割を果たしているのでしょうか。

青木　私もそのメディア界で禄《ろく》を食《は》んでいる身ですから、申し上げにくい面もありますが、日本メディアの権力監視機能について少しお話ししたいと思います。

先ほどから申し上げている通り、日本には専門の情報機関がありません。これは戦後民主主義のそのひとつの成果というか、まだ制御が効いている部分ではあると思います。その役割を公安警察が担ってきたわけですけれども、実は公安警察という組織もある時期までは権力の行使にそれなりに謙抑的なところがあったわけです。確かに公安警察が「過激派」だと判断すれば、微罪だろうが別件だろうが検挙し、身体拘束し、時には違法盗聴すら手を染めて監視活動を行ってきたわけですが、たとえばオウム真理教のような集団の危険性を事前にはほとんど察

知できなかった。[30]「テロ対策」ということであれば、公安警察はほとんど機能しなかったわけです。これはなぜか。

ひとつには、「反共」という公安警察のレーゾンデートルに囚《とら》われすぎていたことが挙げられるでしょう。オウムのようなカルト宗教は公安警察が相手にするものではない、という態度が危険性の察知を妨げた。ただ、これは他方から見ると、信仰の自由という大原則に守られるべき宗教団体に公安警察が手を出してはマズい、というタブー感があったことも間違いない。つまり、戦後日本の治安機関が謙抑的な面を維持していたことと無縁ではないと思うのです。

ところがオウム事件、あるいは9・11などの発生によって、そうした謙抑感が次々と取り払われてきている、というのが現状です。先ほどスノーデン氏もおっしゃっていましたが、特定秘密保護法というような悪法も成立してしまいました。多少は批判の声もあがりましたが、全国民的な批判にはならなかった。

また、ほとんど話題になっていませんが、つい一、二週間前（二〇一六年五月）に、ほぼフルスペックの盗聴法、すなわち改正通信傍受法が成立してしまいました。この一、二年の間、公安警察が猛烈な勢いで権限を拡大させているのに、それに対する市民社会、そしてメディアの警戒感は非常に薄い。これはおそらくメディアだけの現象ではなく、戦後七〇年経って日本社会全体が変質していたことも影響しているのでしょう。
政府の持つ情報は誰のものか。原則的には市民全員の共有財産であって、仮に一時的に秘密が必要な場面があったとしても、それはいずれ公開されて歴史の検証を受けなければならないという原理原則が日本社会にいまだ根付いていない。しかも日本では、政府に任せて守ってもらえば「安心・安全」だというお上依存体質も非常に強い。
その上で井桁氏からの問いかけに答えるならば、昨今の日本メディアは公安警察をはじめとする権力を監視する機能がますます弱まっていると思います。公安警察、あるいは警察のディープな活動実態を知らせてくれるような新聞、テレビ、あるいはフリージャーナリストの活動というのは、正直言って皆無に近いのではないでしょうか。

井桁　皆無に近い、ですか。

青木　ええ。警察がさまざまな捜査の結果として誰それを捕まえた、といったようなことは大量に報じられていますが、その警察捜査の実態、なかでも公安警察の捜査の実態はほとんど伝えられていません。たとえば、デジタルデバイスがこれだけ発達し、警察もGPSなどを捜査に駆使しているわけです。容疑者の車にGPS発信機を取り付けるなどというようなことが現実に行われていて、裁判でもこれを合法とするか違法とするかの判断は分かれています。しかし、こうした捜査がどれくらい行われているかの実態に関する報道はあまりに少ない[31]。おそらくはもっとやっているでしょう。

あるいはスマホなどはどうでしょう。スマホや携帯電話に内蔵されたGPSデータは捜査に使われていないのか。公安警察の情報収集活動に活用されていないのか。アメリカでこれだけ行われていて[32]、日本でまったく行われていないとは思えないのだけれども、その辺のデータや情報が出てこない。アメリカではスノーデン氏が現れて、その告発を真正面から受け止めるジャーナリストが大手メディアのなかにもいたわけですが、果たして日本ではどうかと想像してみると、残念ながらあまり自信を持てないような状況にあるわけです[33]。

沈黙は独裁者や圧制者に力を与えることになる

井桁　こうした状況に対する打開策はないのでしょうか。ジャーナリズムが警察の監視活動の透明性を高めるために、我々ができることあるいはジャーナリスト自身ができることはないのでしょうか。

青木　僕もメディアを舞台に働いているわけですから、僕らが踏ん張るしかないということに尽きるでしょう。と同時に、政治や市民社会がメディアとジャーナリズムの仕事をもっときちんと理解してほしいという気もします。

今日の話題とは少しそれますが、先日、シリアで取材中だったジャーナリストの後藤健二氏が殺害されたと伝えられました。その直後、アメリカではオバマ大統領が声明を出しました。その声明の中には、こんな一文がありました。「後藤さんは勇敢にも自らの報道を通じてシリアの人々の窮状を世界に伝えようとしていた」と。[34] ジャーナリストとしての後藤氏の仕事に対する敬意がそこには込められています。

一方、我が首相もコメントを出しましたが、「テロは断固許さない」といった勇ましい言葉は口にしても、オバマ大統領のような後藤氏の仕事への敬意は一言もない。そればかりか、直後にはシリア入りしようとしたフリーカメラマンのパスポートを日本政府は取り上げてしまい、[35] これに対する批判もほとんど起こりませんでした。

同じ時期、僕はアメリカ国務省のホームページで知ったのですが、国務省は紛争地取材にあたるジャーナリストやメディア記者たちを集めて勉強会を開いていて、そこでケリー国務長官がこんな趣旨のことを言っているのです。「危険地で取材するジャーナリストの危険性をゼロにすることはできない。唯一の方法があるとすれば、それは沈黙することだ。しかし、沈黙は独裁者や圧制者に力を与えることになるから、それはするべきではない。政府にできることがあれば言ってほしい」と。

僕はアメリカが全部いいなんてまったく思いませんけれども、こうしたアメリカなどの状況と比べ、日本ではジャーナリズムやメディアの仕事に対する理解が、政権レベルでも市民レベルでも非常に低いと思います。これは僕らがサボってきたという面もあると思うのですが、紛争地取材にあたるジャーナリストを「自己責任だ」などと言って切り捨ててしまうという風潮が強まれば、僕たちは紛争地の真実を知ることができない。あえて攻撃的に言えば、この程度の市民があってこそ、この程度のメディアと言えるのかもしれません。

9　新しい監督の仕組み――ムスリム監視に関する司法の取り組みを例に

アメリカでは司法による監督の動きも出始めています。ムスリムに対する監視をめぐる訴訟では、裁判所が新たな監督の枠組みを作る動きがみられます。

ムスリム監視事件の和解に盛り込まれた警察の監視活動を監督するシステム

井桁　少し話を戻して、途中でマリコ・ヒロセ氏から、地元警察の監視活動に対する監督は通常の法執行業務と異なるため容易ではないという話がありました。それとの関連で少し伺いたいのですが、ニューヨーク市警が行っていたムスリムの監視に関しては、ひとつの訴訟が和解で終結し、その際警察の監視活動を監督するシステムが盛り込まれたとも伺っています。その点を少しご説明いただけますか。

ヒロセ　和解はラザ事件という訴訟で取り交わされました。ラザ事件は、ムスリムに対する監視プログラムについて提起された三つの訴訟のひとつです。三つの訴訟とは、私たちが提起したラザ事件、ニュージャージー州で提起されたハッサン事件、そしてハンチュー事件です。

ハンチュー事件については少し解説が必要です。ハンチュー事件とは、一九七〇年代に提訴されたクラスアクション、すなわち原告が政治的信念や信仰に基づき自由な言論を行うすべての人々を代表して起こした訴訟でした。ワイズナー氏が先ほど述べた通り、当時、ニューヨーク市警が政治的な活動などを不当に監視していることが発覚し、裁判となりました。一九八五年に和解により、ニューヨーク市警が監視捜査をする際には、政治的な言論の自由を尊重しなければならず、そのための監督体制を作ることを約した合意が取り交わされました。

二〇一一年にAP通信によってムスリム監視の報道がなされた際、ハンチュー事件の代理人は、和解当時の合意に基づき、詳細な情報を提供するようニューヨーク市警に対して申し立てを行い、その後ムスリム・コミュニティに対する監視はハンチュー事件で取り交わされた合意事項に違反するとして訴えを提起したわけです。裁判所によってハンチュー事件とラザ事件は併合して審理されており、和解に際しても併せて協議されています。

井桁　警察のムスリムに対する監視活動に関して、どのような和解内容が盛り込まれたのでしょうか。

ヒロセ　いくつかあります。そのうちのひとつは、ニューヨーク市警がウェブサイトに掲載していた「西洋における過激化」（Radicalization in West）という報告書を削除するというものです。この報告書は、テロリズムの思想とイスラム教の信仰を危険な方法で混同させることで、ムスリム・コミュニティにテロリスト予備軍の烙印《らくいん》を押すものでした。[36] ニューヨーク市警は、今後のテロ捜査に当たってはこの報告書に依拠しないことを明らかにするべく、ウェブサイトから報告書を削除することに合意しました。

　もうひとつの重要な内容は、ハンチュー合意で設けられた枠組みを強化することです。たとえば、言論の自由や信教の自由に干渉する調査を開始する前に検討すべき考慮要素や、捜査の手法ごとの期間制限が設けられました。[37] 特筆すべき点は、捜査の開始の是非を決定する委員会に、市民代表法律家（Civilian Representative）と呼ばれる民間の法律家が加えられた点です。これにより捜査プログラムの決定プロセスをモニタリングし、嫌疑なきムスリム監視プログラムのような事態を防ぐことが期待されます。

井桁　ムスリム監視をめぐるもうひとつの訴訟であるハッサン事件についてもご説明いただけますか。

ヒロセ　これはニュージャージー州で行われた訴訟です。ニューヨーク市警の監視プログラムは、ニューヨーク市から川を挟んだニュージャージー州にも及んでいました。この事件は第三巡回区連邦控訴裁判所において、訴えを却下していた原審を差し戻し、本案審理を求める素晴らしい決定が下されました。

連邦控訴審は、ニューヨーク市警の差別的捜査は具体的で審理に値するものであり、また宗教に依拠した差別を行う際には極めて高度な正当化事由が必要であると判示しました。この決定にあたって控訴審は、今回の監視プログラムが第二次世界大戦中の日系アメリカ人の強制収容に酷似しているとして、私たちは過去と同じ過ちを繰り返すべきではないと判示したのです。

井桁　テロ対策の必要性ということは考慮されなかったのでしょうか。

ヒロセ　ニューヨーク市警は、監視は宗教差別ではなくテロ対策を目的とするものであると主張しました。これに対し裁判所は、テロ対策だとしても、宗教に基づきコミュニティすべてを監視した以上、宗教に基づく差別を禁止したアメリカ合衆国憲法の平等条項に違反する疑いがあるとして、本案審理を進めるのに十分であると述べました。

10 日本やEUの取り組み

ここまで主にベン・ワイズナー氏とマリコ・ヒロセ氏に、アメリカにおける監督のシステムを伺いました。続いて日本やEUにおける監督システムを伺います。

井桁 宮下氏に伺います。日本では政府や警察による監視活動を制御するために、どのような監督システムがあるのでしょうか。

宮下 国連が二〇一三年一二月に決議[38]をひとつ採択しております。デジタル時代のプライバシー権という決議でありまして、これには日本も賛同しています。この決議は、スノーデン事件を受けて行われたものです。決議内容には、国連のすべての加盟国は、監視活動に対して独立して効果的な監督機関を設けるべきであるとする条項が含まれています。

井桁 これは国連総会決議ですか。

宮下　国連総会の決議です。その後、二〇一四年には国連総会に報告書なども出されており、国連の特別報告者という方も任命されております。この特別報告者が日本を含む各国の国連決議の実施状況について調査しております。

では、日本の状況はどうでしょうか。日本の警察捜査機関の監視活動を監督する機関はあるのでしょうか。実はあるといえばあります。今年（二〇一六年）の一月にできたばかりの個人情報保護委員会です。委員長は堀部政男《ほりべまさお》先生、私の恩師であります。堀部先生は、昨年（二〇一五年）のルイス・ブランダイス・プライバシー賞を受賞しておられます。今年のルイス・ブランダイス・プライバシー賞受賞者は、国連の特別報告者であるケナタッチ教授です。この個人情報保護委員会、今年の一月にできたばかりですので、チェック機能がどれだけ働いているかはわかりません。

気を付けなければならないのは、この日本における監督委員会というのは、原則として、民間部門による監視活動に関するものについてのみ監督を行っているということです。では公的部門はどうでしょう。実は、ほとんどメディアで取り上げられておりませんが、つい先月（二〇一六年五月）、センシティブな情報を保有する行政機関（警察、防衛、外務等）に対し、個人情報保護委員会の監督権限を及ばせることを可能にするための、行政機関等の保有する個人情報保護に関する法律の改正案が成立しました。[39]ところが、その法律の中では、あくまで匿名情報のみを監督することができるとされており、一般的な捜査活動に対しては監督活動が及ばないことになっております。国連の決議を履行するためには、すべての行政機関に対して第三者の監督機能を持つことが必要だと思います。

監視に対する一番の抑制は監視

井桁　監視に対する監督という視点から、ヨーロッパの取り組みはどうなのでしょうか。

宮下　ＥＵの二八すべての加盟国には独立した監視機関があります。違法に個人情報を扱っていないか捜査機関に対する立入検査も認めており、不適切な監視活動を行っていた場合は、独立した監督機関がチェックをすることになっています。こうした機関がＥＵにはあるのです。

ＥＵと同様の機関を日本で作ろうとしたのが個人情報保護委員会です。ところが、重要な部分が抜け落ちてしまっているというのが現状であり、これが今後の日本の課題になると思います。

監視に対する一番の抑制は監視だと思っています。それが一番効率的で民主的な方法だからです。これは捜査機関側にとってもプラスをもたらします。監視活動が常に第三者の監督の下行われており、テロ対策のために必要最低限の監視しかしていないという説明責任を果たすことができるからです。

青木　まさにその通りなのだろうなと思うのですが、日本ではなかなかそういう議論になりません。個人情報保護法の際も、一番問題にされたのは民間業者による個人情報の収集問題で、わけのわからない業者からダイレクトメールが送られてくる現状はなんとかしろ、といった議論に矮小化《わいしょうか》されてしまいました。現実にメディアの取材も相当不自由になりましたし、何よりも国家や政府による個人情報収集に歯止めをかけよう、といった議論にはなかなかならない。

最近は特定秘密保護法や盗聴法の強化などが図られる一方、マイナンバー法などというものが導入され、これはいわゆる国民総背番号制ですけれど、警察が捜査のために使う場合の歯止めがここでもあまり効いていない。

そもそも論でいえば、日本の警察機構に対する監視機関というのは、ないわけではないのです。代表的なのが公安委員会制度でしょう。これは戦前戦中の中央集権的な警察機構が市民弾圧の尖兵《せんぺい》となってしまった反省を受けて導入された制度で、主にふたつの目的があるといわれています。まず、民間人主体の公安委員会が警察を民主的に統制しようという目的。と同時に、政治と警察の間に公安委員会というクッションを置くことです。政治権力が警察組織を恣《し》意的に動かすことがないように設置されている面もある。

制度としては非常に優れているのですが、都道府県警察の公安委員会も、警察庁の国家公安委員会も、事務局の役割を警察組織が牛耳っているため、現在はほとんど機能しなくなってしまっています。公安委員の人選も事実上、各警察組織が行っていて、すっかり名誉職的な扱いになってしまっている。

しかし、今回のムスリムに対する監視の是非などを建設的に議論しようとするのであれば、公安委員会制度をもう少し復活、充実させるのは有効だと思います。せめて公安委員会の事務局を警察から引き離し、数はさほど多くなくとも専門のスタッフを置いて機能させれば、かなりのことができると考えます。もちろん、警察が相当に抵抗はするでしょうが。

井桁 確認したいのですが、テロ捜査に関する情報といえばかなりの機密情報ですよね。当然、捜査されている側にとってもセンシティブな情報が入りますし、そうした捜査情報が流出すればテロ予防の効果が薄れてしまうかもしれない。そういったことを理由として、テロ捜査に関しては第三者の監督を及ぼすべきではないという議論はヨーロッパではなされているのでしょうか。そうした議論を超えて実効的な監督が実施されてきた経緯などがあれば併せて教えて下さい。

宮下　ＥＵでは基本権憲章第八条第三項において、プライバシーや個人情報を守るため、独立した監督機関で監督しなさいという規定があります。そこがまず立て付けの面で日本とは違います。まず法律的なバックグラウンドがあるので、第三者機関が監視に対して監視を行うというメカニズムが根付いております。もうひとつは先ほど話したナチスに由来する歴史的背景もあります。

アメリカではかつてジェームズ・マディソンが、政府の活動の透明性を高めるために、このようなことを言いました。「政府が持っているすべての情報は国民の情報である。その国民の情報にアクセスできなければ、それは茶番か悲劇、もしくはその両方の始まりである。知識は永遠に無知を支配する」。

スノーデン氏も言っていましたが、企業に営業秘密があるのと同じように国家にも特定秘密というものは存在します。ただし、その情報は国民の情報であり、国民にどこかのタイミングで開示しなくてはいけないものです。個人的には、特定秘密保護法の趣旨には必要性を感じています。ただし、運用面でのチェック機能、監視機能を今後充実させていくべきだと思っています。

11　質疑応答

井桁　この監視に関する監督というテーマは論点が非常に多岐にわたるので議論は尽きないのですが、ここでパネルディスカッションは終わりにして会場からの質問に移りたいと思います。

①　性犯罪者が出所した後の監視について

「私は先日司法試験を受験してきました。憲法の科目で出されたテーマが、性犯罪者が出所した後の監視についてでした。先ほど政府が持つ情報は国民の情報だというお話がありましたが、国家が性犯罪者の前科を収集してこれを市民に対して公開することで、市民が性犯罪の前科を持つことを把握できるようになれば、それは一方で国民の知る権利には資するかもしれないものの、他方で性犯罪者の更生の妨げになるという議論があると思います。そういう議論が日本やアメリカでもなされているのか、お聞かせ願えればと思います」

ヒロセ　これは重要な問題です。このような情報収集が犯罪の抑止につながるという証拠はないのです。研究によれば、性犯罪の前科者は最も再犯率が低いグループのひとつであり、再び同じ罪を犯す可能性は低いのです。この種の犯罪は、家庭内や知り合いの間で生じることが多く、政府が性犯罪者の情報を収集することは的外れだと考えられています。

② 民間セクターに対する監督について

「監視プログラムの多くは民間企業により作られています。プライバシーに関する委員会が世界中にあっても、そのスポンサーの多くは民間企業です。政府に対する民主的な監視を求めるだけでは不十分のように思えます。民間セクターに対する監督はどのように考えればよいのでしょうか」

ワイズナー 今日のテーマは政府に対する監督でしたが、民間企業による監視についても三時間たっぷり話すことができるテーマです。

政府が入手する情報の多くは民間企業を経由するものです。政府自身が情報を収集しているのではありません。NSAにとって、自ら個人情報を収集するよりもグーグルから収集する方がはるかに簡単です。

政府による収集と民間企業による収集は相互に絡み合っていますが、重要な違いもあります。第一に、私たちと民間企業との関係は同意に基づくものです。A社を使うかB社を使うか選択することができます。他方で、政府の監視に関しては、選挙あるいは民主主義的な監督を通して統制するしか私たちに選択肢は与えられていません。

第二の違いは、グーグルは私を牢屋《ろうや》に入れることもドローン・ミサイルを撃つこともできないということです。他方で政府は私たちの自由や権利をはく奪することができるわけです。つまり、両者の違いは、消費者として被害を受けるか、市民として被害を受けるかという性質の違いです。

この質問は極めて重要です。今日のテーマが政府による監視とその監督であったために詳細にコメントできていませんが、無視することはできません。

青木　ひとつ、補足しておきたいと思います。警視庁外事三課によるムスリム監視についていえば、日本の大手企業などもかなり積極的に協力していることが流出データから浮かび上がりました。たとえば、ある日本最大級の都市銀行は、中東の国の大使館員の口座記録を警視庁に提供していました。大使、大使館員、大使館付き運転手に至るまでのデータです。

もちろん警察ですから、令状を取ってデータを出させることはできるでしょう。しかし、このような令状を裁判所が出すわけがありません。刑事訴訟法の手続きに則って警察が捜査関係事項照会書を出し、銀行側にデータ提出を求めることはできますが、これはあくまでも任意の手続きで、しかも特定の事件捜査を目的としなければならないと定められています。特定の大使館員全員の銀行口座データを提出させるような事件など想定できませんから、おそらくは警察の依頼を受けた銀行側がひそやかに協力し、顧客データを渡してしまっているのでしょう。

このほか、都内のレンタカー会社は顧客データを警視庁に提供しているという記述も流出文書にありました。ひどい話ですが、複数の都内の大学は、自分の学校に留学にきているムスリムのデータまで提供してしまっている。日本だってまったくひどい状況なのです。

宮下　二〇一五年一〇月に、アムステルダムで行われたプライバシー・コミッショナー国際会議において、トランスペアレンシー（透明性）の報告書に関する決議が採択されました。捜査機関からインターネット企業等に情報提供の要求が何件あり、何件の情報を渡したのか、個人情報の無差別な監視が行われていないことを示すために、これらの情報提供の件数を記載した透明性に関する報告書を各民間企業は作り公表しなさいというものです。この決議が、アムステルダムでのプライバシー規制当局の国際会議で採択されたわけです。日本の特定情報保護委員会から堀部先生も出席されました。こういったシステムを日本でも導入していくのが望ましいのではないかと思います。

もう一点あります。昨年、総務省において、捜査機関が携帯電話事業者から特定人の位置情報を本人に通知することなく取得することができるというガイドラインの改正がありました。これは、英文でもニュースが出されたのですが、そのニュースを聞いてすぐに私のところに海外から問い合わせが来ました。日本ではなぜこのようなことが許されているのか、そして、これに対して透明性レポートはあるのか、といった内容でした。民間事業者から捜査機関への情報提供が不透明な状態では、日本企業の海外進出をさせることはできないとまで議論されています。ビジネスを成功させるためにも、透明性を高めること、監視に対する制御装置を設けることというのは民間企業にとって重要になってくると思います。

③　なぜニューヨーク市警はラザ事件の和解に応じたのか

「ラザ事件について伺います。和解においてニューヨーク市警は、宗教に着目する監視捜査が憲法に違反することや、市民代表法律家を警察内部に設置し監督させることを約束したようですが、日本の警察がこのような和解に応じるとはとても想像ができません。なぜニューヨークの警察はこのような和解に応じたのでしょうか」

ヒロセ　大変いい質問だと思います。監視に関する解決策は監視を監視すること、すなわち監視活動に対する監督を行うことであるとこれまで述べてきました。

本来であれば、すでにハンチュー事件の和解に基づいて構築された監督システムにより適切な監督がなされているはずでした。しかし、ハンチュー事件の弁護士たちが、ムスリムに対する監視プログラムがハンチュー合意に違反していると指摘した通り、この監督体制はうまく機能していませんでした。そのため、より改善されたシステムが必要なことは明らかであるとして今回のニューヨーク市警との合意に至ったのです。

また、今回の合意には、ニューヨーク市警の懸念に対応するための制限も設けられています。選ばれる市民代表者は身元調査が行われ、守秘義務に同意しなければなりません。検討内容は公開する前にニューヨーク市警内で報告しなければなりません。このような仕組みも設けられているのです。

ワイズナー　少し追加させて下さい。法と政治は重なり合うことがあります。ラザ事件が提訴された時点と和解の時点とでは市長と警察のトップは入れ替わっていました。新しい責任者はさまざまな関係者に機敏に対応していました。ニューヨーク自由人権協会は、裁判所で弁論を行うだけでなく、市民にも働きかけており、これにより社会の雰囲気が変わりました。市民がこの事件を気にかけるようになり、新聞の編集委員が記事にするようになりました。政治的な圧力が生まれ、新たに選出された市長が訴訟を続けるのではなく和解で終わらせる動機となりました。人権問題を扱う弁護士は、裁判所だけでなく世論も考慮しなければならないのです。

④　国民、国民を代表する議員による監督を可能とするための制度構築について

「日本にはたとえば会計検査院があるのですが、アメリカのＧＡＯ（Government Accountability Office）とは違います。日本の会計検査院は行政府の了解がなければ検査できません。国政調査権も決議がなければ行使できません。教育委員会や公安委員会と同じく、システムはあるものの肝心なところで機能しません。行政府がシステムに反することをしても、それを止めることはできないのです。

情報活動の予算について、権限をしっかりと持ち、行政の情報や予算についてチェックをすることができ、国民あるいは国民を代表する国会議員による監督を可能とするための制度を洗いなおしていくことが必要なのではないでしょうか。そのことが、行政の透明性を高め、基準を設けて実効性が確保されることにつながるのだと思います。こうした点について、宮下先生からお話しいただけますでしょうか」

宮下　ご質問の趣旨に全面的に賛同するところです。一点最近のアメリカの動向についてお伝えしますと、二〇一六年の二月九日、オバマ大統領がホワイトハウス内に、Federal Privacy

Councilという新しい組織を作りました。これは、独立した委員会をそれぞれ行政の別々の場所にぶら下げるというものではありません。プライバシー保護に関する政権の政策を反映するための大統領直下の組織で、なおかつ、各省庁に対して指示できるような強大な権限が付与されています。日本であれば、特別委員会が官邸の中に置かれているようなイメージです。今後運用を見守っていく必要があるのですが、ひとつ参考になる事例かと思います。

ワイズナー　アメリカの教訓は、この問題に恒久的な解決策は存在しないということです。現在世代の解決策は次の世代の失敗の原因となり得るのです。民主主義というのは答えがどこかにあるものではありません。戦い続けなければならない闘争です。

つまり私たちは改善し続けることができるのです。より良い組織を作ることは可能ですが、時が経つにつれ、こうした組織は陳腐化します。監督機関で働く人々は、監督の対象者に厳しい質問を投げかける代わりに親しくなっていきます。これは、世界中の議会で私たちが経験していることです。

アメリカでは、軍を監視する委員会が軍の契約相手から最大の寄付を受けています。農業担当の委員会は農業関連企業から政治献金を受け、監視を担当する委員会はスパイ活動にかかわる企業からの寄付を受けています。

組織を作るだけでは不十分です。組織を機能させるためには、市民に情報が行き渡る必要があり、市民が情報を持つためには、不幸なことに政府関係者が法を破り、政府が情報を開示しようとしない場合においても、ジャーナリストに何が起きているかを伝え報道を可能にすることが必要です。

アメリカで大きな改革がなされる時はいつも、勇気と信念を持った内部者が、情報を市民と共有し、市民がこれに怒り、これによって変化が起きるのです。組織も必要ですが、情報こそ重要です。そして情報は組織からもたらされるわけではありません。

⑤　スノーデンはアメリカに戻れば訴追されてしまうのか

井桁　この濃密なシンポジウムもそろそろ時間が迫ってきました。最後に私からスノーデン氏の代理人のワイズナー氏に伺いたいことがあります。スノーデン氏はアメリカに戻れば訴追されてしまうのでしょうか。無罪あるいは恩赦になる可能性はどのくらいあるのでしょうか。

ワイズナー　恩赦されることを期待します。時間がかかるでしょうが。彼が指摘した通り、今週、連邦政府の前司法長官が、彼は公的役割を果たしたのだと述べています。二年前にはあり得なかったことです。大統領は、スノーデン・リークに端を発する一連の議論がアメリカをより強くしたと言いました。これも、二〇一三年には言われませんでした。裁判所が声を上げ、議会は法律を変えました。数週間以内に東京で公開される「シチズンフォー」(40)は彼の物語を伝えています。彼の動機が真摯《しんし》なものであり、個人的な目的ではなく、私たちの自由社会を強くするために彼が行ったことがわかるでしょう。いつの日か、彼は戻ることができると思います。ただ、それにどのぐらいかかるかはわかりません。

12 まとめ

最後にそれぞれのパネリストの方々に監視捜査を制御・監督するために一番重要だと考えることをお話しいただきました。

青木 僕はメディアの世界ですでに三〇年くらい仕事をしてきました。今日スノーデン氏やワイズナー氏もおっしゃっていましたが、一番強力な監視機関はマスメディアなのだという言葉を胸に刻んでおきたいと思います。フリーランスの記者にできることなど限界はありますが、所詮《しょせん》はそうした記者の努力の積み重ねでしかメディア状況は改善しません。スノーデン氏と、それを受け止めた記者たちの奮闘に心からの敬意を表し、僕も足元の仕事をこつこつと続けていきたいと思っています。ありがとうございました。

宮下　9・11後、監視の在り方が変わりました。事件が起きてから事後的に捜査をするのではなく、事前に監視をするようになりました。そして、特定の容疑者を狙《ねら》い撃ちするのではなく、不特定多数の一般市民を含め、無差別的に監視をするようになりました。また、監視の対象は、人物ではなく、データになりました。このように監視の仕組みが変わってきております。9・11後の一五年間で大きな変化があったわけです。

他方、監視の側面についてはこのように大きな変化がありましたが、プライバシー権などの人権に関する議論はそれほど大きな変化は見られません。我々は両者のバランスを考えなければなりません。どちらか一方を取るのは不可能なわけです。安全だけ、あるいはプライバシーだけを取るというのは不可能なことです。両者のバランスをしっかりと考えていくことが必要であり、監視に対する有効策は監視であるということを今一度考えておく必要があると思います。

ヒロセ　繰り返しこのパネルで議論されてきたことは、透明性と監督だと思います。ニューヨーク市警の監視捜査については、ラザ事件によって和解が成立し、市警に対するひとつの監督の仕組みが確保できました。しかしながら、問題は残されています。

たとえば、透明性の問題についてはまだ戦い続けなくてはなりません。スティングレイを例に携帯電話の監視の技術についてお話しましたが、ニューヨーク市警などは、秘密裏に新しい技術を用いて監視捜査を行っています。

監督のメカニズムを強化し、こういった技術に対しても目を向けていかなければいけません。強力な技術を用いているという情報について透明性を高め、コミュニティの人たちや市民が認識していけるようにならなければなりません。こういったことについてはさらに議論をしていくことが必要です。お招きいただきありがとうございました。今後も議論を続けましょう。

ワイズナー　ジェームズ・マディソン大統領の話がありました。そのさらに数百年の昔にさかのぼりますが、アリストテレスは次のように言っています。「人々が政府のことについてすべてのことを知っていること、これが民主主義だ。政府が多くのことを知っているが人々が政府のことを知らない、これは専制政治である」。

これは非常に古い問題であるわけです。何百年にもわたって同じような議論が続いてきました。ここで申し上げたいことは、この課題は急を要するということです。技術の進歩によって、政府は誰を監視するかを自由に決められるようになりました。あらゆる情報を収集しておいて、それを保存したうえで、ずっと後になってから必要なものを取り出して確認するということができるようになりました。このような状況は前例のないことであり、これまでは必要としなかった新たな法的保護が必要とされるかもしれません。技術は法より早く進化すると言います。これが、スノーデン氏からの教訓であり、こうした議論が市民による参加のために重要だと思います。ありがとうございました。

註

（1）"Case Title Redacted", FISC, Oct 3 2011

（2）実際、日本法でも海外に住む外国人の通信の傍受を禁止する法律はありません。ただし、国際法上の主権侵害等の問題は生じえます。

（3）全世界のインターネット上の通信はほぼすべてがアメリカ本土を経由するとされています。これによってアメリカ政府だけが物理的に通信内容にアクセスする特別な能力を手にしています。

（4）決定全文はこちらです。
https://ccrjustice.org/sites/default/files/attach/2015/10/Hassan%203rd%20Cir%20Ruling%2010-13-15.pdf

（5）この訴訟は、本文（一四九頁以下）でヒロセ氏が述べているようにハンチュー事件と併合して審理が行われており、一月に公表された和解案の効力が発生するためには別途ハンチュー事件の裁判所の同意が必要とされていましたが、二〇一六年一〇月、その裁判所が、和解案の内容はニューヨーク市警の違法な監視捜査の再発防止策として不十分であるとして、具体的な改善内容を提案しつつ和解案に対する同意を拒絶しました（https://www.aclu.org/legal-document/raza-v-new-york-handschu-court-ruling-proposed-revisions-handschu-guidelines）。これを受け、改めて当事者間で協議が進められ、最終的に二〇一七年三月六日、ほぼ一〇月の裁判所の提案に則した形で和解案が改訂され、公表されました（「ニューヨークタイムズ紙」、"After Spying on Muslims, New York Police Agree to

Greater Oversight", March 6 2017, https://www.nytimes.com/2017/03/06/nyregion/nypd-spying-muslims-surveillance-lawsuit.htmlなど)。

(6)AP通信はこの報道により二〇一二年のピュリッツァー賞(調査報道部門)を受賞しました。

(7)ニューヨーク市警は、ムスリムが多い国ごとにそれぞれニューヨークなどの地図を用意し、それぞれの地図上にその国出身の、ムスリムの居住地、経営者や客の多くがムスリムの商店、モスクなどをひとつひとつ書き込んでいました。

(8)アメリカ政府は、一九四一年一二月八日の真珠湾攻撃以後、太平洋沿岸の大部分を軍事区域に指定し、区域内に居住するすべての日本人及び日系人に対して移住を命じました。人種に基づく差別であるとしていくつかの訴訟が提起されましたが、当時の最高裁はいずれについても日系人の訴えを棄却しました。数十年後に軍が主張していた日系人がスパイとなる危険性を示す証拠がねつ造されたものであったことが明らかとなり、政府と議会により、当時の措置が差別的で違法なものであったことが認められ、謝罪とともにひとりひとりに補償金が支払われました。

(9)一九六〇年代から九〇年代にかけてCIAやFBIが反戦活動、公民権活動、LGBT活動などを広範囲に監視し、ときには違法な盗聴を行っていたことが「ニューヨークタイムズ紙」などにより暴かれました。マーティン・ルーサー・キング師に自殺を迫る脅迫文を送るなど、センセーショナルな内容に批判が高まり、議会は特別委員会(通称チャーチ委員会)を設置し、詳細な検証を行いました。その報告書をもとにさまざまな改革がなされ、監視捜査を制御する基本的な仕組みが構築され現在に引き継がれています。

(10)前註（9）のＦＢＩの監視活動と平仄《ひょうそく》を合わせるように、ニューヨーク市警もデモ活動などの政治的活動を対象に大規模な監視捜査を独自に展開していました。政治的表現の自由に対する侵害などを理由に、ニューヨーク市警などを被告とする集団訴訟が提起されました。この訴訟は原告代表であった弁護士の名前を冠してハンチュー事件と呼ばれています。一九八五年、訴訟は和解により終結し、ハンチュー委員会が設立されました。この委員会はニューヨーク市警内部に設置される独立の委員会で、市警の捜査プログラムが表現の自由などを侵害するものでないかを個別にチェックしています。

(11)Stop and frisk と呼ばれるもので、身体検査も適法に実施できるなど日本の職務質問よりもプライバシーや身体の自由への侵害の程度は強いとされています。ニューヨーク人権協会などの統計的な調査によって、人口分布や犯罪率から大幅にかい離した割合で黒人やラテン系などのマイノリティが対象とされていることが明らかとなっています。またいくつかのメディアにより警察官の差別的な言動なども報道されました。二〇一〇年代にはいくつかの訴訟が提起され、差別的な捜査プログラムであるとして差し止めを命じる判決などが出されました。二〇一三年の市長選では運用の見直しが大きなテーマのひとつとして取り上げられ、実際に改革派の市長が当選すると運用が見直され年間に数十万を数えていた件数が二万程度に激減したと報告されています。

(12)その他の科学技術としては、たとえば、スノーデン氏の資料により、ＮＳＡが偽装したフェイスブックサーバにアクセスさせたり、迷惑メールを送り付けることにより、対象のコンピューターをウイルスに感染させ、内部の情報を抜き取っていたことが暴露されました。全世界で数百万のコンピューターをウイルスに感染させる計画だったと報じられています（Ryan Gallagher and Glenn Greenwald, "How The NSA Plans To Infect 'Millions' of Computers with Malware", The Intercept_, March 12 2014, https://theintercept.com/2014/03/12/nsa-plans-infect-millions-computers-malware/など参照）。また、顔認証技術も発達しています。ＦＢＩは、Next Generation Identification-Interstate Photo System（ＮＧＩ－ＩＰＳ）と名付けられた顔画像データベースに数億人の画像データを保有しているとも言われています。また、Facial Analysis, Comparison, and Evaluation（ＦＡＣＥ）という専門の特殊チームを結成し、広範囲に設置された監視カメラが記録する膨大な映像に検索をかけて、対象とする人物がいつどこにいたかを、ときにはリアルタイムで把握することが可能となりつつあるとされています（ＦＡＣＥに関する報告書はこちらに公開されています。https://www.fbi.gov/services/records-management/foipa/privacy-impact-assessments/facial-analysis-comparison-and-evaluation-face-services-unit）。

また、ＮＳＡは数兆件単位の情報を収集していたとされています。現時点の科学技術では検索に堪えられるものではありませんが、近い将来には（その有効性はさておき）ＡＩなどを利用することにより、膨大な母集団から有意義な情報のみを自動で検出し、犯罪捜査や予防活動に用いることを計画しているとされています。捜査機関の能力が以前とは比べ物にならないほど拡大していることを前提に、ＩＴやＡＩに特化した監督システムの構築を検討しなければなりません。日本の公安委員会のようなゼネラリストによる監督システムでは、有効な監督は期待できなくなりつつあります。

（13）戦中に思想警察として恐れられた特高こと、特別高等警察が、犯罪予防・国家秩序の安定・機密情報の保持などを理由に、密告などに頼る徹底した監視捜査網を構築し、国民の表現の自由、信教の自由、思想良心の自由などを侵害し続けたことに対する反省から、日本では治安維持・犯罪予防に特化した特別の組織を設立することにアレルギーがあると言われています。

(14)オバマ大統領はテロ対策とプライバシーに関する議論は望ましいし、民主主義にとって必要だと述べたうえで、社会として選択をしなければならないと述べています。「ニューヨークタイムズ紙」の解説記事はこちらです。

http://www.nytimes.com/2013/06/08/us/national-security-agency-surveillance.html

発言の全文はこちらで読むことができます(要会員登録)。

http://blogs.wsj.com/washwire/2013/06/07/transcript-what-obama-said-on-nsa-controversy/

(15)IBMが国勢調査データを処理する目的で開発したホレリス機器を用いることにより、手作業の数十倍の速度でユダヤ人に関する個人情報の仕分け、管理が可能となったとされています。ナチスは国勢調査の情報をもとに、ドイツに居住するすべてのユダヤ人登記簿を作成し、その後その登記簿はヨーロッパ全土を対象とするものへと拡大しました。ヨーロッパではナチスによるホロコーストの反省から、国家権力が個人情報を管理すること自体を基本権に対する侵害としてとらえる傾向にあります。

(16)流出資料によれば、いくつかの日本の民間企業は法律で定められた適正な手続きを経ずに顧客情報を警察に提供していることが明らかになりました。日本企業全体が個人情報の保護に関してアメリカ企業と同様に十分な個人情報保護の体制を構築していないと判断される可能性も否定できません。

(17)第一章前註(41)参照。

(18)たとえばClapper v. Amnesty International事件など(第一章前註(23)参照)。スノーデン・リークの直前の二〇一三年二月二六日、アメリカ連邦最高裁は監視プログラムにより具体的な損害が生じることを示す証拠がないとして、監視プログラムの違憲性を主張する原告の訴えを却下(門前払い)していました。

(19)スノーデン・リークを経て具体的な証拠が明らかになったとして、改めて監視プログラムの違憲性を問う訴訟が提起されています。ACLU v. Clapperという訴訟では連邦控訴審で電話のメタデータを収集する監視プログラムは違憲であると判断されました(https://www.aclu.org/sites/default/files/field_document/clapper-ca2-opinion.pdf)。また、第一章前註(25)で紹介した通り、Klayman v. Obamaという裁判でも同様の監視プログラムが違憲であると判断されました。

(20)前註(9)参照。

(21)正確にはアメリカ国外のアメリカ人以外を対象とした監視。国外の外国人にはアメリカ憲法の保障が及ばないので、国内法上、原則として制約はなく自由な監視が許されてきました。

(22)FISAは、もともとは外国のスパイを取り締まるものでしたが、9・11以後、いわゆる愛国者法の制定などにより強力な監視権限をテロ対策のために用いるようになりました。

(23)これは極めて重要な指摘です。テロとは不特定多数を対象とする無差別な犯罪です。つまりテロの根絶とは事実上犯罪の根絶を指すのです。テロ対策は永遠に必要であり、この世のあらゆる情報は現在あるいは将来において、何らかの意味で犯罪予防、すなわちテロ対策にとって有益となりうる情報であることは否定できません。そのため、NSAのスローガンにあるように、この世のあらゆる情報を集め永遠に保存することがテロ対策の究極の目標となることはある意味自然なことです。通常の犯罪捜査と異なり、終着点がないのです。

(24)第一章前註(56)参照。

(25)前註(14)で紹介した二〇一三年六月の記者会見において、オバマ大統領は議会と裁判所が承認をしており憲法上問題はないと繰り返し強調しました。

(26)個々の機関や捜査員個人が暴走して違法に監視活動を行っていたわけではなく、三権すべてからお墨付きを受けて、〝適法・適正〟に監視活動を実施していたからこそ、スノーデン・リークによって監視活動の詳細が明らかとなった際の衝撃が大きかったといえます。暴走であれば個別の制度を修正したり、新たな監督機関を設置することで是正できます。しかし、三権が法律の規定通りに機能した結果、憲法に反するモンスターのような監視プログラムができ上がってしまったとあれば、問題は深刻です。現代の国家機関の仕組み自体が修正を求められているといえます。

(27)より詳細には、二〇一三年四月三〇日に公表された統計として、二〇〇一年以降平均して毎年約一七〇〇件の申請が行われ、令状審査で拒否されたのは一一件に過ぎません。Letter from Peter J. Kadzik, Principal Deputy Assistant Attorney General to United States Senate, April 30, 2013 参照。その後、二〇一三年には一五八八件、二〇一四年には一三七九件、二〇一五年には一四五六件の申請があり、そのすべてについて電子監視に関する令状が認められています。Letter from Peter J. Kadzik,

Principal Deputy Assistant Attorney General to President, United States Senate, April 30, 2014; Letter from Peter J. Kadzik, Principal Deputy Assistant Attorney General to Chairmen, United States Senate, April 20, 2015; Letter from Peter J. Kadzik to Charimen, United States Senate, April 28, 2016.

（28）七〇二条プログラムは、元々インテリジェンス目的で、外国にいる外国人の通信を傍受するために制定されたものですが、その多くがインテリジェンスとはまったく無関係のものや、アメリカ人の通信であった可能性があるとして批判されています。ただし、ＰＣＬＯＢは、改善すべき点はあるもののテロ対策としての有効性は否定されないとして廃止までは求めていません（https://www.pclob.gov/library/702-Report.pdf）。また、二一五条プログラムと異なり、七〇二条プログラムに関しては、事例判断ではあるものの、スノーデン・リーク後に連邦控訴審で合憲と判断されています（US v. Mohamed, https://cdn.ca9.uscourts.gov/datastore/opinions/2016/12/05/14-30217.pdf）。二〇一七年一二月三一日に法律の効力が切れるため、更新されるか廃止されるかに注目が集まっています。

（29）ＥＵでは、司法がセーフハーバー無効判決で歯止めをかけたほか、ドイツのメルケル首相が携帯電話の盗聴に抗議するなど、首脳会談でもアメリカ政府の大規模な監視政策に批判を投げかけています。日本の高官も盗聴の対象とされていたと報道されましたが、二〇一三年六月一二日午後に菅《すが》官房長官が「従来より、アメリカではテロ対策という観点から合法的な取り組みが行われてきていると説明されてきているが、仮に違法な活動があるのであれば、あってはならない」と述べたにとどまり、メディアでも大きな報道がされているわけではありません。

(30)オウム真理教はかなり早い段階で大規模なテロを計画していましたが、日本の公安警察がそのことを把握していた形跡は皆無です。

(31)第一章前註（1）で紹介した記事のとおり、二〇一七年一月に警察が秘密裏にＧＰＳ捜査を行っていたことは明らかになりましたが、運用の基準や実施件数などはいまだに明らかにされていません。

(32)アメリカでは逮捕時にスマホが押収され、個別の令状なく中身を警察が無断で確認するという実務が横行していましたが、二〇一四年六月、アメリカ連邦最高裁は、スマホの中には詳細なプライバシー情報が含まれているので中身を確認するためには個別の令状を取得する必要があると判断しました（Riley v. California）。現代社会におけるスマホの重要性を詳細に分析した画期的な判決と評されています。

(33)実際、ムスリムの監視もアメリカではメディアの調査報道によって暴かれましたが、日本では二〇一〇年一〇月にインターネット上に公安資料が流出するまで一切明らかにされていませんでした。警察が主要なすべてのモスクに監視カメラを設置し、出入りする人をすべて監視するなど、極めて大規模な監視捜査を実施していても、メディアは把握できなかったか、あるいは把握していても報道しなかったということです。

(34)原文は “Through his reporting, Mr. Goto courageously sought to convey the plight of the Syrian people to the outside world.”。全文はこちらで読むことができます（要会員登録）。http://blogs.wsj.com/washwire/2015/01/31/statement-by-the-president-on-the-death-of-kenji-goto/

(35)シリア渡航を予定していたジャーナリストの杉本祐一氏がパスポートの返納を強制された事件。
(36)具体的には過激化に至る段階を以下の四つに分け、すべてのムスリムはいずれかのステージにあるとしていました。ステージ1：前過激化（Pre-Radicalization）、ステージ2：自己規定（Self-Identification）、ステージ3：教化（Indoctrination）、ステージ4：聖戦主義化（Jihadization）。この理論に基づき、すべてのムスリムがどのステージにあるかを把握するために監視が正当化されていました。日本語の文献としては、松本裕之『ムスリムの過激化対策を考える〜アメリカでの実例、インタビューから〜』警察学論集六五巻七号一〇二頁以下があります。
(37)和解ではテロ対策捜査を大きく、捜査の端緒（Checking of Leads）、予備的調査（Preliminary Inquiries）、本格捜査（Full Investigation）の三つの階層に分け、それぞれの段階でなしうる捜査手法を細かく規定しています。
(38)United Nations General Assembly, Resolution 68/167 The Right to Privacy in the Digital Age, December 18, 2013.
(39)行政機関等の保有する個人情報の適正かつ効果的な活用による新たな産業の創出並びに活力ある経済社会及び豊かな国民生活の実現に資するための関係法律の整備に関する法律（平成二八年法律第五一号）。
(40)ローラ・ポイトラス監督によるドキュメンタリー映画。二〇一五年度第八七回アカデミー賞長編ドキュメンタリー映画賞受賞。スノーデン氏が、ドキュメンタリー映画監督のローラ氏とジャーナリストのグレン・グリーンウォルドに暗号化されたメールを用いて連絡を取り、香港で落ち合い、内部資料を提供し、それをグリーンウォルドらが記事にしていくまでの過程を臨場感たっぷりに描いたドキュメンタリー映画。二〇一六年配給Ｇａｇａ＋で日本公開されました。

あとがきにかえて　ベン・ワイズナーとの対話

「トランプ政権前にスノーデン事件があったのは、大変幸運でした」

二〇一七年二月一日　聞き手＝金昌浩

大統領が民主主義的規範や原則を尊重せず、法律や憲法を理解しない危機的状況

――まず、はじめに、トランプ政権に関するACLUの見解をお聞かせ下さい。シンポジウムでは異常に強力な監視技術が誤った者の手に握られるリスクがあるということに言及して、ドナルド・トランプ氏の名前を挙げていましたが、その後彼は選挙戦を勝ち抜き、第四五代アメリカ合衆国大統領となりました。

さて、就任一週目のトランプ大統領の行動は予想通りでしたか？　それとも驚かれましたか？　日本にいる私たちももちろん、イスラム教徒の入国禁止措置について知っています。アメリカ自由人権協会の弁護士の考えをお聞かせいただけますか。

ワイズナー　トランプ氏が当選する前、一〇月だったと思いますが、アメリカ自由人権協会はトランプ氏について“Donald Trump: A One-Man Constitutional Crisis”（ドナルド・トランプ：この男がもたらす憲法の危機）という報告書[1]を出しました。この報告書はすぐ見つかります。我々は普通大統領候補に対してこうしたことはしないのですが、選挙戦で発せられたトランプ氏のあまりにも多くの発言に動揺し、トランプ氏が提案している多くの政策が違憲であると指摘することが、我々の義務であると感じました。イスラム教徒の入国禁止や名誉毀損《きそん》法の改悪、捕虜の拷問などです。ACLUの取り組んでいる数多くの分野にわたって、トランプ氏が提唱した政策は憲法に違反していました。

アメリカ国民の中には、トランプ氏の選挙戦中の発言が真意であったこと、実際に政策として実行に移していることに驚いた人もいたかもしれませんが、私たちは驚きませんでした。覚悟はできていたのです。選挙翌日の新聞で、ドナルド・トランプ氏に「裁判所で会いましょう」と伝える全面広告欄を、事前に購入していました。こうなることも想定していたのです。

金曜日（一月二七日）の夕方、トランプ氏が難民入国禁止の大統領令に署名したのですが、翌朝には我々はすでに訴訟を起こし裁判所にいました。同日の夜、ニューヨークとボストンの連邦裁判所で審理が行われ、裁判官は、トランプ氏が憲法に違反しているとの決定を出しました。

ですから、私たちは覚悟はできていたのです。自国の大統領が民主主義の規範や原則を尊重せず、法律や憲法を理解しない時、国家は大変危機的な状況にあります。我々に唯一できることは、絶えずトランプ氏と戦うことです。

——私もかつてアメリカで学びました。トランプ氏が、自分の考え方に近い方を連邦最高裁判所の判事に指名しないか気がかりです。故アントニン・スカリア判事の後任は誰になるのでしょうか。

ワイズナー それは、あと四五分後には判明しますね。(2) テレビの生放送で発表することになっています。最高裁判事の指名をリアリティ番組とでも思っているようです。新聞社は、トランプ氏が二名の有力候補者をワシントンに呼び寄せ、彼の選択を巡って緊張感を演出していると報道しています。なんともおかしな世の中になっています。

実は、ここには重要な問題も提起されています。それは、私たちが伝統的に行ってきたことのうち、何が法律によって保証されていて、何が単なる慣行や伝統に過ぎないのかを、この政権下で知ることになるということです。誰が大統領選に勝利するかが判明するまで、一政党が最高裁判事の指名を丸一年阻止し続けるなどということは、数年前は考えられませんでした。このようなことを予想する必要もありませんでした。今後、さらに多くの慣行について、見直しが必要になるでしょう。たとえば、もし大統領が報道陣をホワイトハウスに出入りさせないという決定を下したら、それは伝統からの衝撃的な脱却になります。しかし、これが法律違反にあたるのかと言われても、その答えはわかりません。

二〇一三年にスノーデンはすでに警告していた

――なるほど。おそらく予想外の事態や新たな展開が近い将来のうちに多々起こるのでしょう。先ほど、ACLUの弁護士たちは驚かなかったと言われました。と言いますか、驚きはしたものの、予想の範囲内であったと。移民や拷問に関するトランプ政権の新しい方針についてのニュースはすでに私たちの耳にも入っています。監視についてはどうでしょうか? シンポジウムでも話に出たように、オバマ大統領は、スノーデン氏の暴露以後、完璧ではないものの、大量監視に制限をかけるための枠組みを作ろうとしてきました。この分野でのトランプ政権の方向性はどのようなものでしょうか?

ワイズナー　わかりません。しかし、トランプ政権前にスノーデン事件があったのは、大変幸運でした。なぜなら、スノーデン氏は二〇一三年に、監視の脅威に真剣に目を向けなければ、いつか民主主義をおろそかにする指導者が選出され、監視機構の矛先を市民に向けるかもしれないと、すでに警告していたからです。この警告を聞いていたので、我々は警告を無視するのではなく、真の改革を実施できたのです。訴訟や法律によって政策を変えただけでなく、テクノロジー業界がスノーデン氏の告発に反応を示したのは同じくらい重要なことでした。テクノロジー業界は、暗号化やその他プライバシー技術の改良を進めることで、政府による大量監視をより難しくしたのです。ですので、スノーデン氏の問題提起やスノーデン氏がもたらした改革がなかった場合に比べると、我々は良い形でトランプ氏の時代に入ったと、まずは言うことができます。

ふたつ目に、これから何が起こるかはっきりと予想できないということが挙げられます。わかっているのは、トランプ氏の司法長官候補者[3]とＣＩＡ長官[4]はスノーデン氏の告発に端を発した改革に反対していたことです。トランプ氏が自身の政権でこういった問題に取り組むリーダーとして選出した人たちは、既存の法律よりも政府の監視に対する制約をさらに緩和させたいと考えています。状況が改善されることは考えにくいです。

ただし、プライバシーや監視をめぐる奇妙な政治力学のおかげで、アメリカの州や地方のレベルでは今後も前進があるかもしれません。監視の問題は、左派が懸念しているだけでなく、右派のリバタリアンにとっても重要な問題です。モンタナ、ユタ、ワイオミングにおいても、[5]

かなりの立法上の改革が実現しました。これらの州は、民主党を支持する州ではありませんが、プライバシーや監視の問題には関心を持っています。トランプ氏の大統領在任中は連邦政府のレベルで良いことが起こることは期待できませんが、州レベルで引き続き改革が進展していく可能性はあります。

個人の権利を顧みることのない政府の手中に洗練された監視技術がある

――移民の分野ですでに大きな政策の変化が起こっていますね。対テロ政策の中で、トランプ氏は、ＩＳＩＳあるいはＩＳＩＬと戦うことを宣言していますが、イスラム教徒一般への影響が懸念されます。スノーデン氏は、監視が一部マイノリティの人たち、特にイスラム教徒を標的にして悪用されているとトランプ大統領就任前から告発していました。もちろん予測するのは非常に難しいわけですが、監視体制が、民族的・宗教的そのほかのマイノリティや人権擁護団体を標的にして用いられることについて、懸念を抱いていますか？　監視対象にはＡＣＬＵも含まれるかもしれません。

ワイズナー　移民やイスラム教徒、その他にもトランプ氏が自身の発言でターゲットにしてきた人たちを標的にした非人道的な政策に監視技術が用いられることを当然憂慮しています。ただ、強制送還や差別行為を行うのに、洗練された監視技術が必要になるかといえば、必ずしもそうとは思いません。なぜならアメリカ国内の人たちに関する膨大な情報やデータはすでに、連邦データベースあるいは州・地域のデータベースのどちらかにおいて、政府によってデータベース化されているからです。だからこそ、私たちは、移民などの問題に比較的寛容な市や州に対して、自治体が保有する情報に注意するようにいつも言ってきたわけです。

ロサンゼルス市やニューヨーク市は、トランプ政権から移民を守り、強引な強制送還を行わず、移民に聖域を提供したいと考えている都市です。トランプ政権が非常に攻撃性を増して、政策を実行するためにこういった〝聖域都市〟に存在するあらゆる記録を入手しようとしたらどうなるか想像してみて下さい。トランプ大統領は、すでに、これらの聖域都市に対して、連邦資金を削減すると脅しています。(6) もしニューヨーク市がそもそものような記録を一切保持していなかったとしたら、連邦資金を失うかもしれないという時に直面するようなジレンマに陥ることはなかったかもしれません。

先ほどのご質問の答えとしては、個人の権利を顧みることのない政府が洗練された監視技術を手に入れる時、私たちは大変憂慮せざるを得ません。しかし、私は、トランプ氏の提唱している最悪な政策を実行するために、洗練された技術が必要になるとは思っていません。

大統領がより強い力を持ち、各省庁の長官の力は弱くなっているという傾向

――なるほど。次にお聞きしたいのは、監視政策や国家安全保障にかかわるアメリカの官僚機構についてです。たとえば、次期国防長官には「狂犬」と呼ばれるマティス氏が就任し、CIA長官も、元軍人で拷問を正当化する発言をしていたポンペオ氏が就任しています。ACLUではトランプ氏以外にも、こうした官僚機構のトップについて調査をされていますか。国防総省やCIAのトップは、トランプ氏の考えにひたすら追従するのでしょうか、それとも、何らかのブレーキになりうるのでしょうか？

ワイズナー そうですね。興味深いご質問です。トランプ氏が司法省やCIAのトップに選んだ人たちは、監視問題に関して強硬派ですし、公共の安全やテロ対策の名の下で政府は欲しい情報を収集できてしかるべきと信じている人たちです。どこかのタイミングでトランプ氏と周囲の人間やその他政府機関を率いる人たちの間に亀裂が生じるかはわかりません。また、実際にその他の政府機関のトップがどれだけの力を持てるのかもわかりません。

というのも、アメリカ政府のここいくつかの政権を見ると、大統領がより強い力を持ち、各省庁の長官の力は弱くなっているという傾向が見られるためです。トランプ政権の下でも、すでにこの傾向をみなさんは目にしていると思います。たとえば、イスラム教徒の入国を禁止する大統領令は、新聞に掲載されるまで国防長官やＣＩＡ長官そして国土安全保障長官が目を通すことはありませんでした。この措置はホワイトハウスだけが完全に掌握していたのです。トランプ大統領の身内の政権内で、トランプ氏に対するなんらかの抵抗が出てくるかどうかは、今後注視すべき大変興味深い点でしょう。

スノーデンのアメリカ帰国の可能性

——次の質問です。あなたは、スノーデン氏の法律アドバイザーも務めていらっしゃいますので、スノーデン氏のアメリカ帰国の可能性について、戦略や見解をお聞かせいただけますか？国際人権ＮＧＯアムネスティ・インターナショナルやアメリカ自由人権協会はスノーデン氏への恩赦を求める活動をしてきましたが、実現しませんでした。スノーデン氏ご本人にとっても大変な苦難の時を迎えることになると思いますが、次のステップあるいは戦略はどのようなものになるとお考えでしょうか？

ワイズナー　この本が出版される頃には、あなたの質問に対する答えが新聞などで発表されているかもしれません。可能性があるところで、機会をとらえていかなければなりません。ましてや大統領やＣＩＡ長官がスノーデン氏の死刑を求めている中、状況や展開はさらに厳しくなっています。トランプ政権と合理的な対話をしようと試みることはほぼないでしょう。どこか別のところで可能性が開け、世界のほかの政府が彼に手を差し伸べることがあるかもしれません。アメリカでは、スノーデン氏は、ロシアにいるよりもひどく迫害されるかもしれませんから。

とは言いましても、ロシアの滞在許可が二〇二〇年四月まで延長されています。そのため、今の状況下で差し迫った危険はなさそうです。当然のことながら、本人は故郷やほかの場所に行きたいと望んでいますが、いまだに彼に与えられた選択肢はふたつしかありません。ロシアで自由に生きるか、アメリカの刑務所で過ごすかです。このふたつの選択なら、彼は自由を選びます。

――そうすれば引き続き、世界中の人たちと対話ができますしね。

ワイズナー　はい、その通りです。

今アメリカでテロリストに殺される確率は四〇〇万にひとつ

――次の質問です。ＡＣＬＵだけでなく、ほかの弁護士に対しても多くの人が尋ねている質問です。プライバシーや民主主義を守るために、私たちは何をすべきで、何ができるのでしょうか？

ワイズナー　もっともな質問です。活動家にとって、時としてこれはもどかしい質問です。なぜなら、人々が関心を持ってくれれば問題の解決法はあるのですが、一般市民が、問題の解決に必要な政治的な変化をもたらしてくれるほど、問題の解決にコミットしてくれるわけではないためです。私たちは、環境汚染を防いだり、市民権や平等権を保護をするために、どのような運動を展開していけばよいかを知っています。プライバシーの分野でも何をやればよいのかを私たちは知っています。

問題なのは、プライバシーや監視の問題に私たち一般市民がどれほど関心を持つのかということです。もし大いに関心があるのなら、私たちが選んだ議員にも明確に示さなければなりません。これが私たちにとって本当に優先順位の高い課題なのだとわかってもらわなければなりません。一方で、政府が行動に移すのを待たなくても、できることもあります。製品やサービスを提供するテクノロジー企業に対して、プライバシーの問題に真摯に取り組み、監視から私たちを保護するように求めることができます。誰が政権の座にあるとしてもきちんと機能し、私たちをハッキング以外の脅威からも守ってくれるようなプライバシーのツールや暗号の使い方を学ぶこともできます。

また、私たちにできる一番重要なことは、ナショナル・セキュリティ、とりわけテロ行為をめぐる議論の内容を変えるということです。私たちは、テロ行為が我々の社会の存亡にかかわる脅威であるかのように政府がふるまうことを許してきました。

私たちは世界の歴史の中でも最も安全で治安の良い社会に生きています。テロの脅威を適切に評価すれば、テロ行為に対する政府の関心や、テロ行為防止のために要求する金額、あるいはテロ行為を防ぐために必要とされる権力の大きさには、まったく正当性がないことがわかります。単に安全であることが問題とされているのではないのです。問われるべきなのは、今よりもどれほど安全になりたいのか、そしてそのために、どれほどの代償を払うのかということです。

今アメリカでテロリストに殺される確率は四〇〇万にひとつです。テロリストに殺されるより、浴槽で溺れ死ぬ確率のほうが高いのです。なぜ私たちは、世界大戦や冷戦下の際の脅威と同じような脅威に直面しているかのように行動するのでしょうか。「私たちを安全にしてくれるのであれば、プライバシーを犠牲にすることはいとわない」とよく言われます。では、私たちは何から守られなければならないのでしょうか？　どの程度の安全さが必要なのでしょうか？　私たちは、国会議員にも、私たちを子どものように扱うのではなく、きちんとした大人として対応するように求めていくべきです。

多くの場合、私たちは自らを危険にさらすことをいとわないものです。たとえば、日米両国ともに、既存の監視技術を使えば、速度制限を超えてたった時速一キロでも道路を走ったら、必ず自動的に違反切符が切られるようにすることも可能です。そうすれば安全性は高まるでしょうが、多くの人は、少しばかり速度制限を超えただけで、自動的に罰せられるような世界には住みたくないと言うでしょう。たとえ安全性が高まったとしても、です。もっともな主張です。少し多くの自由を手に入れるのと引き換えに、少し高いリスクを引き受けても構わないと判断しているのです。監視やテロ対策について語る時にも、このような会話をしていく必要があります。今の世の中は極めて危険な世界だなどと誤解してはいけません。実際、先ほど言った通り、私たちの社会は歴史上最も安全な社会だからです。

あっという間に最悪の事態になり得ると常に認識しなければならない

――ところで、今アメリカでは、一般市民も大きく分断されています。都市部の人たち、たとえばニューヨークやシカゴ、ロサンゼルスなど、日本からアメリカに行く人の多くが訪れたことのある場所の人々は、概《おおむ》ね民主党を支持しています。一方で、普通日本からアメリカに行く時には知らない人たち、行くことのない場所に住んでいる人たちがトランプ氏を支持しています。今回トランプ氏を支持したような、郊外や田舎の人々にどうやって私たちのメッセージを伝えていけばよいのかが非常に大きな課題であると感じています。これは、人権活動家がすぐに変えられることではないのかもしれません。経済構造や社会構造など、社会全体の問題なのかもしれませんが、何かお考えはありますか?

ワイズナー　私たちに政治・経済その他すべての面の問題を解決する力があると期待してはいけません。ただひとつ言えるのは、メディアを取り巻く環境や文化そのものの問題にも取り組む必要があるということです。メディアには、悲劇的な出来事を増幅して、誇張して伝えるという傾向がありますし、そのような報道を行うインセンティブがあります。これは国家レベルに限ったことではなく、地域レベルでも同じことが言えます。過去五〇年で犯罪率は記録的な低水準にあるにもかかわらず、ニュース番組で真っ先に取り扱われるのは犯罪のニュースです。一九七〇年代に比べてずっと犯罪発生率は低いにもかかわらず、メディアは犯罪に関するニュースに焦点を当てています。テロ行為があれば、必ず世界中で大々的に取り上げられます。ケーブルテレビのニュースでは二四時間流れます。このような行為に直面した時に、勇気を持つように促すよりも、脅威を誇張することに大きな政治的利益があるのでしょう。これは非常に難しい問題です。

私たちは、このようなメディアのインセンティブを転換させる必要があると思います。アメリカでは、政治的リーダーがテロの脅威について言及すると、力強いと賞賛されます。穏やかな口調で、「この問題をいろいろな角度から分析してみましょう。我々は、戦争を始める必要はありません。新たな権限など必要ありません」と言えば、世間知らずで意気地がないと言われるのです。実際にはその反対なのにもかかわらず。私たちは、政治家としての強さを、対応策の威力で判断すべきではありません。強さは、勇敢さや恐怖に立ち向かう姿勢をもとに判断すべきです。私たちの政治制度では、すべての政治的なインセンティブが、恐怖を煽《あお》る人に見返りを与え、沈黙を推奨する人には罰を与えるように機能しています。

私はコミュニケーションの専門家でも政治学者でもありませんので、こういったメディアを取り巻く文化全体をどのように変革していけばよいのかわかりません。今申し上げたような会話が始まるべきだと思いますが、どうすれば実際の政治的変革につなげていくかを考えるのは、私の力量を超えています。

――日本にいる人たちにできることはありますか？

2017年2月、トランプ大統領の入国禁止令に抗議し、ニューヨークのＪＦＫ国際空港に集まった人々。写真提供：ユニフォトプレス

ワイズナー　そうですね。おそらく今言ったことは、日本とアメリカに同じように当てはまるのだと思います。今両国にとって特に強調すべき重要な点は、両国の制度が思っていたよりも脆弱かもしれないということ、ある程度安定していると思い込んでいた制度が、あっという間に脅かされることも十分あり得るのだということに今私たちが気付いているという点です。

憲法が危機に陥ったり、自由が制限される状態になるという現実に対して、アメリカ人の多くが選挙の翌日目覚めたのだと思います。今私たちは、何千人というアメリカ人が週末の間に空港に押し寄せ、難民入国禁止に抗議し、入国許可を求めているという驚くべき抵抗を目の当たりにしています。トランプ氏の就任翌日には、何百万人もの抗議する人が路上を埋め尽くしました。今夜、こうして話している間も、ニューヨークでは何千人という人たちが路上でトランプ氏の政策に抗議しています。こうした抗議の様子を、新聞などのメディアも継続的に報道しています。報道機関は自由な社会を保持する上で極めて重要な役割を担っています。アメリカ自由人権協会の加盟者数は二倍以上に増えました。(7) これはまったく驚くべきことです。人々は、市民であるためには、夜テレビでニュースを見てフェイスブックに投稿する以上の義務があることに気付き始めたようです。実際、過去の社会から受け継いだ自由な社会を守りたければ、私たちにはそれ以上の行動が求められているのです。物事が最悪の事態になり得るということ、そしてまた、最悪の状況になるのはあっという間であり得ることを、私たちは常に認識しなければいけません。民主主義社会では単に過去から受け継いだものの上であぐらをかいているだけではいけません。民主主義には行動する責任が伴うのです。

——質問は以上です。改めまして、お時間ありがとうございました。

ワイズナー　こちらこそ、ありがとうございました。

註

（1）以下のウェブサイトから全文が入手できます（https://www.aclu.org/feature/donald-trump-one-man-constitutional-crisis）。
（2）アメリカ連邦最高裁の定員は九人ですが、二〇一六年二月に保守派のアントニン・スカリア判事が急死して以来、保守派とリベラル派が四人ずつの拮抗《きっこう》した状態になっていました。トランプ大統領は、二〇一七年一月三一日に、コロラド州デンバーの第一〇連邦巡回控訴裁（高裁）の判事を務めるニール・ゴーサッチ氏を最高裁候補に指名しました。
（3）トランプ大統領は司法長官候補者として、共和党のジェフ・セッションズ上院議員を指名していました。同氏は、二〇一七年二月八日に上院の承認を経て司法長官に就任しました。セッションズ氏は、大量監視を制限するために成立したアメリカ自由法に反対するなどスノーデン氏を批判し、大量監視を擁護する立場を取っています。
（4）トランプ大統領は、CIA長官候補者として、共和党のマイク・ポンペオ下院議員を指名していました。同市は、二〇一七年一月二三日に上院の承認を経てCIA長官に就任しました。ポンペオ氏は、CIA長官就任前に、「国家機密を他国に漏洩し、アメリカ軍隊を危険にさらしたスノーデンは死刑に価する」と発言しています。
（5）モンタナ州、ユタ州、ワイオミング州は伝統的に共和党の支持基盤が強い州です。
（6）トランプ大統領は、二〇一七年一月二五日に、聖域都市への連邦資金を削減する大統領令に署名しています。これに対して、サンフランシスコ市その他の自治体が大統領令が憲法に違反するとして訴訟を提起しています。

(7)アメリカ自由人権協会には、二〇一七年一月最後の週末だけで二四〇〇万ドル(約二七億円)もの寄付が集まったと報道されています。アメリカ自由人権協会によれば、二四〇〇万ドルという寄付金は、これまでの年間平均の六倍に相当する金額だといいます。

シンポジウムにご登壇いただいたパネリストの皆様、代表理事の喜田村洋一弁護士、事務局長の藤本美枝弁護士をはじめとするＪＣＬＵの関係者の皆様、諸事ご協力いただきました伊東乾東京大学准教授及び東京大学の関係者の皆様、シンポジウム準備にご助力いただいた学生・ボランティアの皆様、その他本シンポジウムにご協力いただいたすべての皆様、大変な翻訳作業を引き受けて下さった福田健治氏に感謝いたします。最後に、タイトなスケジュールの中、執筆者を叱咤激励し原稿を取りまとめて下さった編集者の伊藤直樹さんに感謝いたします。

翻訳＝刊行にあたって／福田健治、第一章／金昌浩、第二章／福田健治、翻訳監修＝刊行にあたって、あとがきにかえて／井桁大介、金昌浩、本文構成＝井桁大介、第二章四項概説＝河﨑健一郎、註釈作成＝井桁大介、協力＝アメリカ自由人権協会、公益社団法人自由人権協会、ムスリム違法捜査弁護団（弁護士梓澤和幸、上柳敏郎、難波満、岩井信、山本志都、髙橋右京、河﨑健一郎、福田健治、小松圭介、倉地智広、酒田芳人、井桁大介、林純子、金昌浩）

付録　スノーデンのメッセージ原文

Foreword from Edward Snowden

For most of my adult life, I worked for the government. Since May of 2013, I have been working for the public. When I gave evidence to journalists revealing that democratic governments had been monitoring the private activities of ordinary citizens around the world, I worried that the public might react with indifference. Never have I been so grateful to have been so wrong.

Since 2013, we have seen an extraordinary global debate about mass surveillance and free societies. In some countries, including the United States, we have seen significant legal reforms. In other countries, we have seen the opposite, with governments seeking expanded legal authority to conduct surveillance. My goal in coming forward was not to ensure a particular outcome, but to allow the citizens in democracies to make informed decisions. If the most important decisions are made by our leaders behind closed doors, without consulting or informing the public, then our governments can't be called real democracies, even if our leaders are elected.

When I spoke in Japan in 2016 during the conference that is being memorialized in this book, the possibility that Donald Trump might actually be elected president seemed extremely remote. In fact, I invoked the possibility of an

authoritarian like Trump being elected as a reason why we should all be concerned about mass surveillance. Now that the improbable has become real, I hope that citizens in democracies – and not just in the U.S. – will appreciate that democracy is not just an inheritance we can enjoy; it's something we have to fight for in every generation. Maybe "President Trump" will be the wake-up call that we all need in order to recommit ourselves to defending our values more actively.

Sometimes, standing up for our values will involve risks. Not everyone will be able to do what I did – to turn their lives upside down in order to reveal injustice. But every one of us will face moments in life where there is an easy path, and a right path. Every one of us will have the chance to take some small risk to make our societies better. Every one of us will have the chance to do something not because it is safe, but because it is right.

I'm pleased that this book is being published, and I hope it will encourage readers to reflect on the obligations of citizenship in our free societies. Japan is a special country for me, because I lived there during a very important time in my own political awakening. I look forward to more such conversations with my friends in Japan in the years to come.

–Edward Snowden
February, 2017
Moscow, Russia

扉、図版作成／ＭＯＴＨＥＲ

Edward Snowden（エドワード・スノーデン）
一九八三年生まれ。CIA、NSA及びDIAの元情報局員。アメリカ政府が無差別監視をしている実態等を暴露した二〇一三年六月の「スノーデン・リーク」で世界を震撼させた。二〇一四年より「報道の自由基金」理事。

青木　理（あおき　おさむ）
ジャーナリスト。著書に『日本の公安警察』（講談社現代新書）等。

井桁大介（いげた　だいすけ）
弁護士。あさひ法律事務所。JCLU会員。

金昌浩（キム　チャンホ）
弁護士（日本及びNY州）。ムスリム違法捜査弁護団団員。

Ben Wizner（ベン・ワイズナー）
ACLU常勤弁護士。スノーデンの法律アドバイザー。

Mariko Hirose（マリコ・ヒロセ）
NYCLU常勤弁護士。米国のムスリム監視事件の原告代理人。

宮下　紘（みやした　ひろし）
憲法学者。専門はプライバシー権。中央大学総合政策学部准教授。

スノーデン　日本《にほん》への警告《けいこく》

集英社新書〇八七六A

二〇一七年四月一九日　第一刷発行
二〇一七年五月一五日　第二刷発行

著者……エドワード・スノーデン／青木《あおき》　理《おさむ》／井桁大介《いげただいすけ》／金昌浩《キムチャンホ》／ベン・ワイズナー／マリコ・ヒロセ／宮下《みやした》　紘《ひろし》

発行者……茨木政彦

発行所……株式会社集英社
東京都千代田区一ツ橋二-五-一〇　郵便番号一〇一-八〇五〇
電話　〇三-三二三〇-六三九一（編集部）
〇三-三二三〇-六〇八〇（読者係）
〇三-三二三〇-六三九三（販売部）書店専用

装幀……原　研哉

印刷所……大日本印刷株式会社　凸版印刷株式会社

製本所……加藤製本株式会社

定価はカバーに表示してあります。

ISBN 978-4-08-720876-4　C0231

a pilot of wisdom

集英社新書　好評既刊

政治・経済――A

- イランの核問題　テレーズ・デルペシュ
- 狂気の核武装大国アメリカ　ヘレン・カルディコット
- コーカサス　国際関係の十字路　廣瀬陽子
- オバマ・ショック　越智道雄／町山智浩
- 資本主義崩壊の首謀者たち　広瀬　隆
- イスラムの怒り　内藤正典
- 中国の異民族支配　横山宏章
- リーダーは半歩前を歩け　姜　尚中
- 邱永漢の「予見力」　玉村豊男
- 「独裁者」との交渉術　明石　康
- 著作権の世紀　福井健策
- メジャーリーグ　なぜ「儲かる」　岡田　功
- 「10年不況」脱却のシナリオ　斎藤精一郎
- ルポ　戦場出稼ぎ労働者　安田純平
- 二酸化炭素温暖化説の崩壊　広瀬　隆
- 「戦地」に生きる人々　日本ビジュアル・ジャーナリスト協会編
- 超マクロ展望　世界経済の真実　水野和夫／萱野稔人
- TPP亡国論　中野剛志
- 日本の1/2革命　池上　彰／佐藤賢一
- 中東民衆革命の真実　田原　牧
- 「原発」国民投票　今井　一
- 文化のための追及権　小川明子
- グローバル恐慌の真相　中野剛志／柴山桂太
- 帝国ホテルの流儀　犬丸一郎
- 中国経済　あやうい本質　浜　矩子
- 静かなる大恐慌　柴山桂太
- 闘う区長　保坂展人
- 対論！　日本と中国の領土問題　横山宏章／王　雲海
- 戦争の条件　藤原帰一
- 金融緩和の罠　藻谷浩介／河野龍太郎／小野善康／萱野稔人
- バブルの死角　日本人が損するカラクリ　岩本沙弓
- TPP黒い条約　中野剛志・編
- はじめての憲法教室　水島朝穂

成長から成熟へ　天野祐吉
資本主義の終焉と歴史の危機　水野和夫
上野千鶴子の選憲論　上野千鶴子
安倍官邸と新聞「二極化する報道」の危機　徳山喜雄
世界を戦争に導くグローバリズム　中野剛志
誰が「知」を独占するのか　福井健策
儲かる農業論　エネルギー兼業農家のすすめ　金子勝／武本俊彦
国家と秘密　隠される公文書　久保亨／瀬畑源
秘密保護法―社会はどう変わるのか　宇都宮健児／堀敏明／足立昌勝／林克明
沈みゆく大国　アメリカ　堤未果
亡国の集団的自衛権　柳澤協二
資本主義の克服「共有論」で社会を変える　金子勝
沈みゆく大国　アメリカ〈逃げ切れ！　日本の医療〉　堤未果
「朝日新聞」問題　徳山喜雄
丸山眞男と田中角栄「戦後民主主義」の逆襲　佐高信／早野透
英語化は愚民化　日本の国力が地に落ちる　施光恒
宇沢弘文のメッセージ　大塚信一

経済的徴兵制　布施祐仁
国家戦略特区の正体　外資に売られる日本　郭洋春
愛国と信仰の構造　全体主義はよみがえるのか　中島岳志／島薗進
イスラームとの講和　文明の共存をめざして　内藤正典／中田考
「憲法改正」の真実　樋口陽一／小林節
世界を動かす巨人たち〈政治家編〉　池上彰
安倍官邸とテレビ　砂川浩慶
普天間・辺野古　歪められた二〇年　宮城大蔵／渡辺豪
イランの野望　浮上する「シーア派大国」　鵜塚健
自民党と創価学会　佐高信
世界「最終」戦争論　近代の終焉を超えて　内田樹／姜尚中
日本会議　戦前回帰への情念　山崎雅弘
不平等をめぐる戦争　グローバル税制は可能か？　上村雄彦
中央銀行は持ちこたえられるか　河村小百合
近代天皇論　――「神聖」か、「象徴」か　片山杜秀／島薗進
地方議会を再生する　相川俊英
ビッグデータの支配とプライバシー危機　宮下紘

◆好評既刊

国家と秘密　隠される公文書

0759
A

久保　亨／瀬畑　源

情報公開の世界的な流れに逆行！
特定秘密保護法と公文書管理法の不徹底で、
葬られる知る権利、歴史、そして行政の責任！

国民の「知る権利」を軽んじ、秘密が横行する権力は絶対に暴走する——。第二次世界大戦敗戦直後の軍部による戦争責任資料の焼却指令から福島第一原発事故、南スーダンにおける自衛隊の日報をめぐる顚末等にいたるまで変わらない、情報を隠し続けて責任を曖昧にする国家の論理。この「無責任の体系」を可能にするものは何か？　本書はその原因が情報公開と公文書の管理体制の不備にあることをわかりやすく説明する。

そして、世界の情報公開の流れに完全に逆行した形で、二〇一三年末に可決された特定秘密保護法の問題点と今後を展望する。行政の責任を明確にし、歴史の真相を明らかにするための一冊。

定価：720円＋税

ビッグデータの支配とプライバシー危機

0874
A

宮下　紘

監視しているのは国家だけではない！
知らないと怖いデータ社会。あなたの個人情報は大丈夫？

インターネット技術の発展により、世界中の情報がつながり「ビッグデータ」が形成される今、人々のプライバシーは未曾有の危機にさらされている。

ジョージ・オーウェルの小説『一九八四年』的な国家による監視活動のみならず、民間企業に蓄積された個人情報の大量漏えい、図書館の閲覧記録やネット通信販売で購買した商品の傾向で人物像を読み取られてしまうプロファイリング、マイナンバー制度に民間サービスの情報を統合することで生じるリスクなど、知らないと危ないビッグデータ社会の落とし穴を、多数の事例をまじえ紹介。

ビッグデータの専制から自由と尊厳を守るために何が必要なのか？　米国、欧州の事情にも詳しい著者が、新時代のプライバシー権の議論を明快に提示する。

定価：760円＋税